영재의 탄생

THE WORLD ALMANAC FOR KIDS

미국식 창의 영재 훈련법

1. 두툼한 학습지 한 권으로 단번에 끝장내요.

한 권 안에 아홉 가지 학습 영역이 고루 들어 있어 다양한 학습이 가능해요.
하루 한 장! 부담 없이 풀고 싶은 문제를 풀며 성취감을 느껴 보세요.

2. 200문제 하나하나를 놀이하듯 재미있게 풀며 두뇌 훈련을 해요.

200문제가 모두 다르고 새로워서 매일매일 문제를 푸는 것이 즐거워요.
도넛으로 덧셈도 하고, 호기심을 자극하는 수수께끼도 풀면서 창의력을 키워요.

3. 다양한 영역별 학습으로 만 4세에 꼭 필요한 내용을 짚어 줘요.

창의력 향상과 두뇌 계발을 돕는 '창의', 'IQ', 학습의 기본을 다지는 '언어', '수학' 영역부터
'과학', '탈것', '사회' 등 흥미로운 영역까지 다양한 분야를 고루 다뤄요.

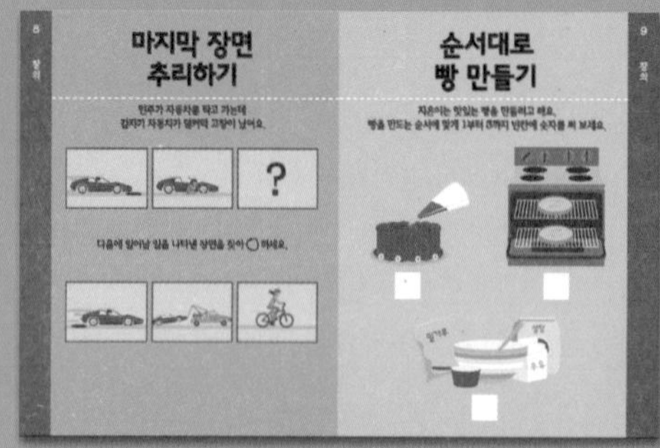

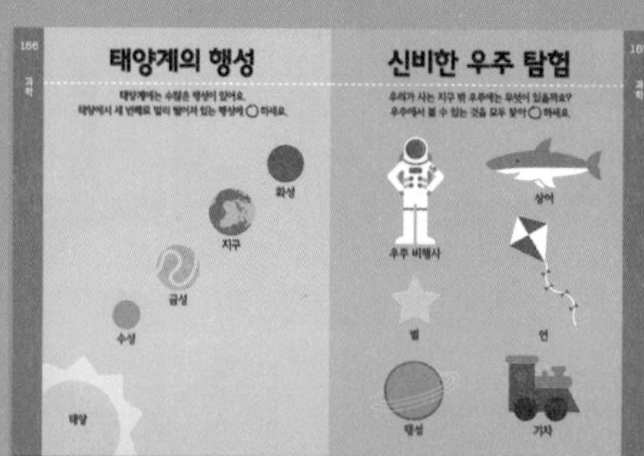

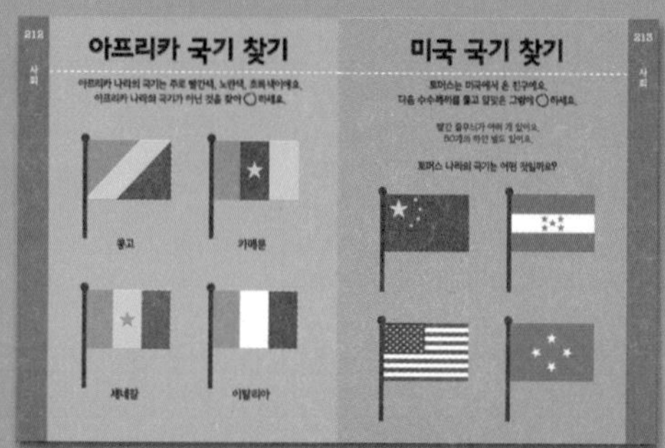

4. 제목만 읽어도 문제의 유형과 답을 쉽게 파악할 수 있어요.

각 문제의 제목은 문제 유형과 답을 찾는 방법을 정확하게 제시하고 있어요.
문제를 읽고 직관적으로 답하는 과정을 통해 사고력을 발달시켜 보세요.

만 4세 학습 미리 보기

	학습 목표	활동 내용
창의	일이 일어난 순서를 나열하고, 다음에 일어날 장면을 상상해요. 사물을 기능에 따라 분류해요.	• 그림을 보고 다음에 일어날 장면 상상하기 • 시간 흐름에 따라 일의 순서 나열하기 • 남은 퍼즐 조각, 깨진 그릇 조각 맞추기 • 지시에 맞는 그림 찾기
IQ	일정한 패턴 규칙을 찾고 방향과 공간 감각을 익혀요. 사물의 길이와 무게, 질감을 비교해요.	• 그림 속 일정한 규칙 찾기 • 왼쪽과 오른쪽, 위와 아래 개념 익히기 • 시소를 이용해 균형 맞추기 • 요일과 계절 학습하기
언어	통글자를 이용해 모음을 배우고 쌍자음이 들어간 낱말을 찾아요. 사물의 이름을 완성해요.	• 모음 ㅏ, ㅓ, ㅗ, ㅜ, ㅣ 익히기 • 쌍자음 ㄲ, ㄸ, ㅃ, ㅆ, ㅉ이 들어간 글자 찾기 • 낱말의 빠진 글자 써넣기 • 낱말 순서 올바르게 나열하기
수학	1부터 20까지 수를 세고 써요. 수 모으기와 수 가르기를 통해 덧셈과 뺄셈의 기초를 다져요.	• 1부터 20까지 수 세고 쓰기 • 홀수와 짝수 개념 익히기 • 동전으로 물건 사기 • 합이 10 이하인 수 모으기와 수 가르기
동물	동물의 종류와 특징, 사는 곳을 배우고, 초식 동물과 육식 동물의 차이점을 배워요.	• 극지방과 사막에 사는 동물 알기 • 초식 동물과 육식 동물 비교하기 • 새와 물고기의 특징 파악하기 • 다리 수에 따른 곤충의 특징 배우기
과학	신비한 우주와 우리 몸에 대해 배워요. 다양한 화석과 식물이 자라는 원리를 학습해요.	• 우주에서 볼 수 있는 것 찾기 • 식물 화석을 보고 알맞은 식물 찾기 • 식물이 자라는 과정 배우기 • 우리 몸의 다섯 가지 감각 알기
색 모양	여러 가지 색의 이름을 배워요. 사물 속에 숨어 있는 평면 도형과 입체 도형을 찾아요.	• 다양한 색의 이름 알기 • 사물 속에 숨어 있는 평면 도형 찾기 • 구, 원기둥, 육면체와 비슷한 사물 찾기 • 그림자를 보고 알맞은 사물 찾기
탈것	기능에 따라 탈것을 분류하고, 어울리는 장소를 찾아요. 각 탈것의 빠르기를 비교해요.	• 다양한 종류의 탈것 이름 알기 • 장소와 날씨에 어울리는 탈것 찾기 • 탈것의 빠르기 비교하기 • 중장비차 미로 통과하기
사회	다양한 직업과 어울리는 물건을 찾아요. 여러 나라의 국기와 음식, 인종에 대해 배워요.	• 직업과 어울리는 물건 찾기 • 국기 수수께끼 풀기 • 나라별 대표 음식 배우기 • 피부색이 다른 지구촌 친구들 알기

목차

창의

6

창의

다음에 일어날 일은?

유이는 잠들기 전 그림책을 읽다가
마지막 장면을 남겨 놓고 그만 잠이 들고 말았어요.

마지막에 올 수 있는 알맞은 장면을 찾아 ◯ 하세요.

달걀은 어떻게 되었을까요?

달걀이 담장에서 떨어졌어요.
달걀이 떨어지는 순서에 맞게 1부터 3까지 빈칸에 숫자를 써 보세요.

마지막 장면 추리하기

민주가 자동차를 타고 가는데
갑자기 자동차가 덜커덕 고장이 났어요.

다음에 일어날 일을 나타낸 장면을 찾아 ◯ 하세요.

순서대로 빵 만들기

지은이는 맛있는 빵을 만들려고 해요.
빵을 만드는 순서에 맞게 1부터 3까지 빈칸에 숫자를 써 보세요.

10

창의

다음 장면 상상하기

로켓이 중요한 임무를 띠고 달을 향해 발사됐어요.

다음에 나타날 장면을 찾아 ◯ 하세요.

그림 순서 맞추기

그림을 보며 무슨 일이 일어났는지 생각해 보고
일이 일어난 순서에 맞게 1부터 3까지 빈칸에 숫자를 써 보세요.

짝꿍을 찾아요

왼쪽의 그림과 어울리는 물건을 찾아 ◯ 하세요.

악기를 찾아요

아래에서 음악을 연주하는 악기를 모두 찾아 ◯ 하세요.

발자국 찾기

동물들이 땅 위에 발자국을 남겼어요.
각 동물에 알맞은 발자국을 찾아 선으로 이어 보세요.

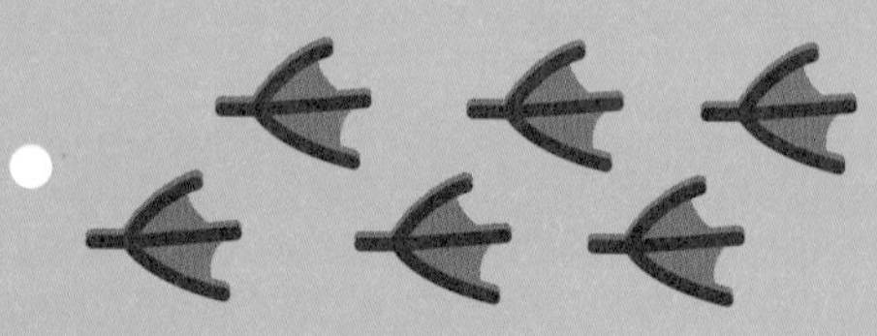

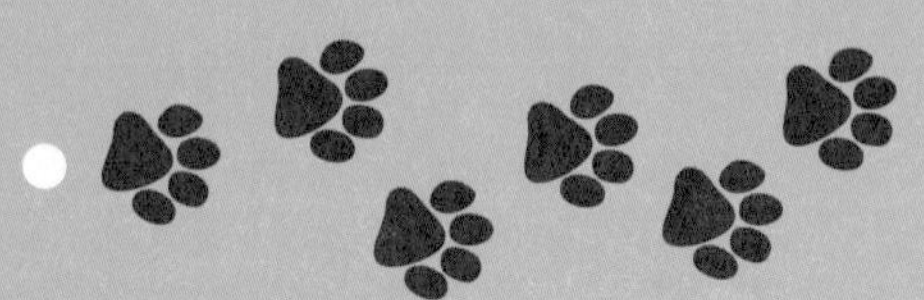

어울리지 않는 것 찾기

윤아는 비슷한 것끼리 분류하고 있어요.
각 줄마다 어울리지 않는 것 하나를 찾아 ◯ 하세요.

동작이 똑같아요 1

지현이는 멋지게 춤을 추고 있어요.
지현이와 동작이 똑같은 그림을 찾아 선으로 이어 보세요.

동작이 똑같아요 2

채연이는 점프 연습을 하고 있어요.
채연이와 동작이 똑같은 그림을 찾아 선으로 이어 보세요.

알맞은 그림 고르기

다음 이야기에 가장 잘 어울리는
그림을 찾아 ◯ 하세요.

가희는 뽀삐를 욕조에 넣었어요.
뽀삐가 첨벙첨벙 물장구를 치자
가희도 젖고 말았어요!

상상하여 그리기

다음 이야기에 가장 잘 어울리는
그림을 찾아 ◯ 하세요.

야옹이는 쿨쿨 낮잠을 자요.
멍멍이가 야옹이를 건드리자
야옹이는 화가 났어요!

다음에 일어날 장면을 상상하여 그려 보세요.

퍼즐 맞추기 1

영우는 퍼즐 맞추기를 거의 끝냈어요.
아래에서 마지막 남은 퍼즐을 찾아 선으로 이어 보세요.

퍼즐 맞추기 2

미지는 퍼즐 맞추기를 하고 있어요.
아래에서 남은 2조각의 퍼즐을 찾아 선으로 이어 보세요.

과일 조각 연결하기

현영이는 과일을 조각내어 먹는 것을 좋아해요.
각 과일에 알맞은 조각을 찾아 선으로 이어 보세요.

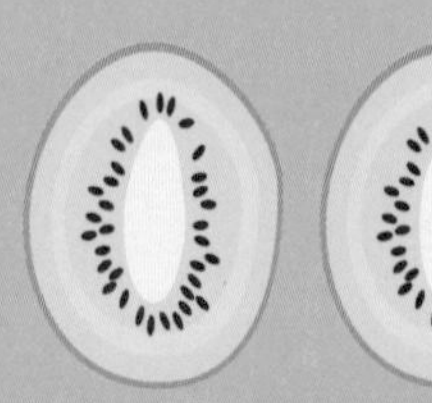

사과

오렌지

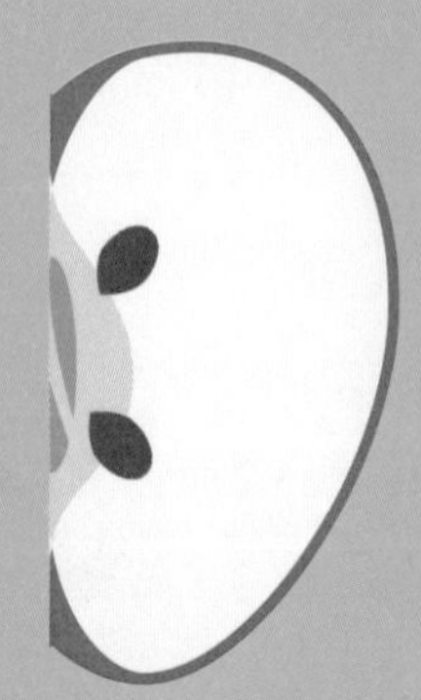

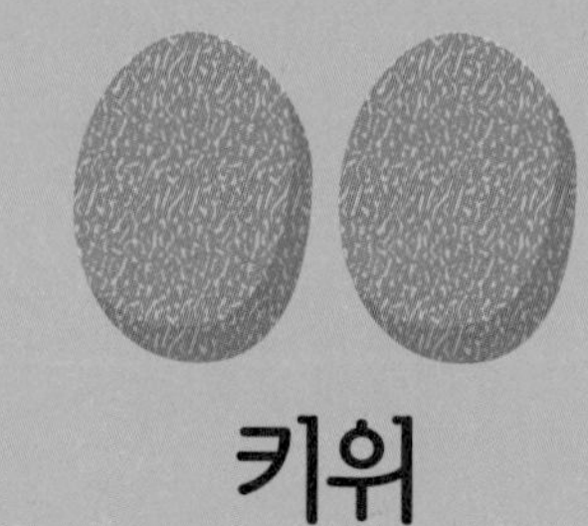

키위

무엇이 빠졌을까요?

각 줄의 동물 중에서 한 마리에는 몸의 일부가 빠져 있어요.
빠진 부분이 있는 동물을 찾아 ◯ 하세요.

쌍둥이 거북이 찾기

토토와 투투는 쌍둥이 거북이예요.
모양과 색깔이 똑같은 토토와 투투를 찾아 ◯ 하세요.

알맞은 피자 찾기

민이는 피자 한 판을 주문했어요.
반쪽에는 초록 피망이, 다른 반쪽에는 버섯이 있는 피자예요.
민이의 피자를 찾아 ◯ 하세요.

조각 연결하기 1

강아지가 실수로 예쁜 꽃병을 넘어뜨렸어요.
깨진 꽃병 조각을 찾아 선으로 이어 보세요.

조각 연결하기 2

고양이가 실수로 쿠키 그릇을 넘어뜨렸어요.
깨진 쿠키 그릇 조각을 찾아 선으로 이어 보세요.

똑같은 눈 모양 찾기

눈의 모양은 모두 다르게 생겼어요.
아래 그림에서 똑같은 눈 모양 2개를 찾아 ◯ 하세요.

똑같은 벌레 찾기

종원이는 벌레 5마리를 발견했어요.
크기와 모양이 똑같은 벌레 2마리를 찾아 ◯ 하세요.

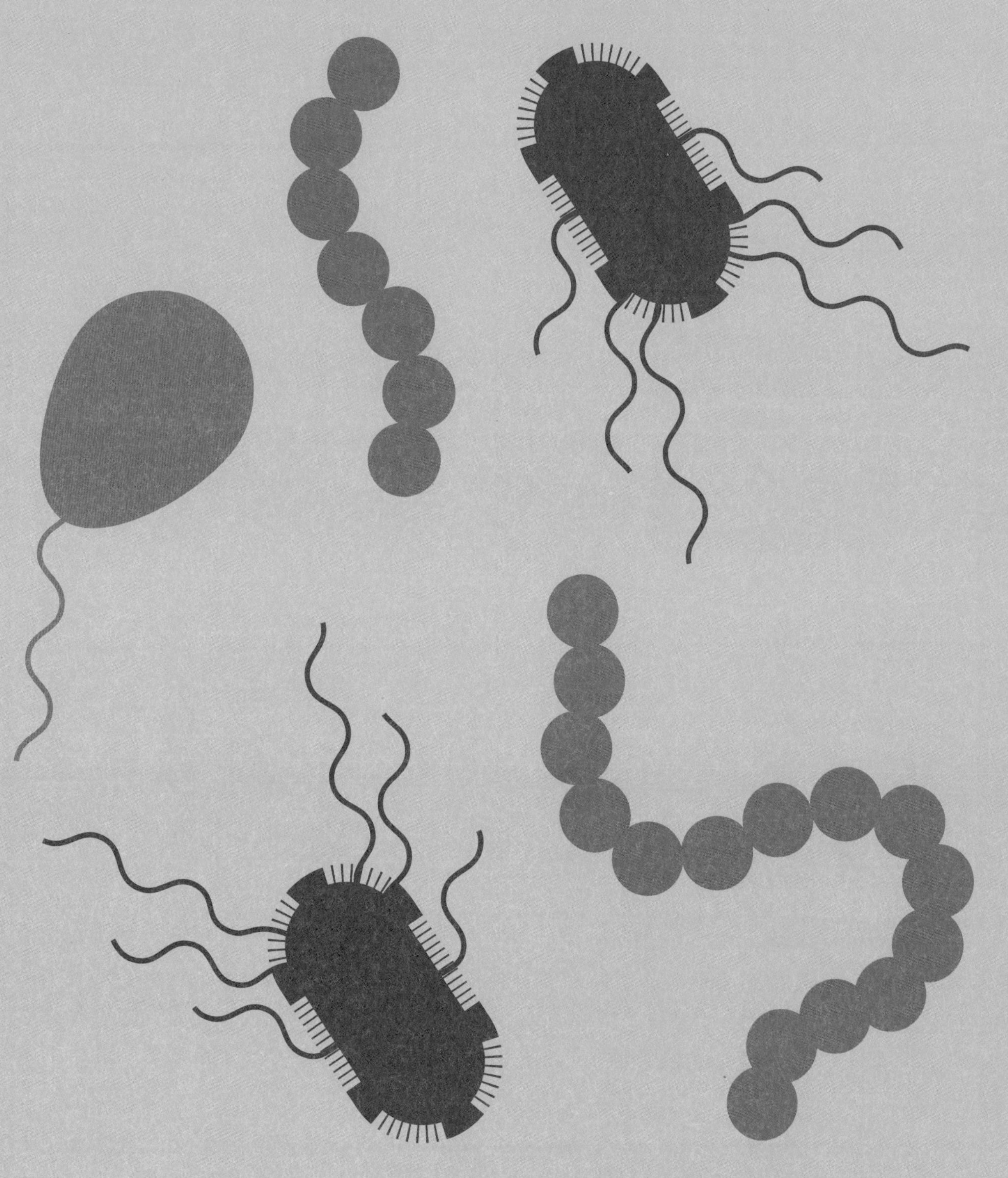

블록 쌓기

다음 지시에 맞게 블록을 쌓은
친구의 이름을 찾아 ◯ 하세요.

'하' 블록 위에 '가' 블록을 쌓으세요.

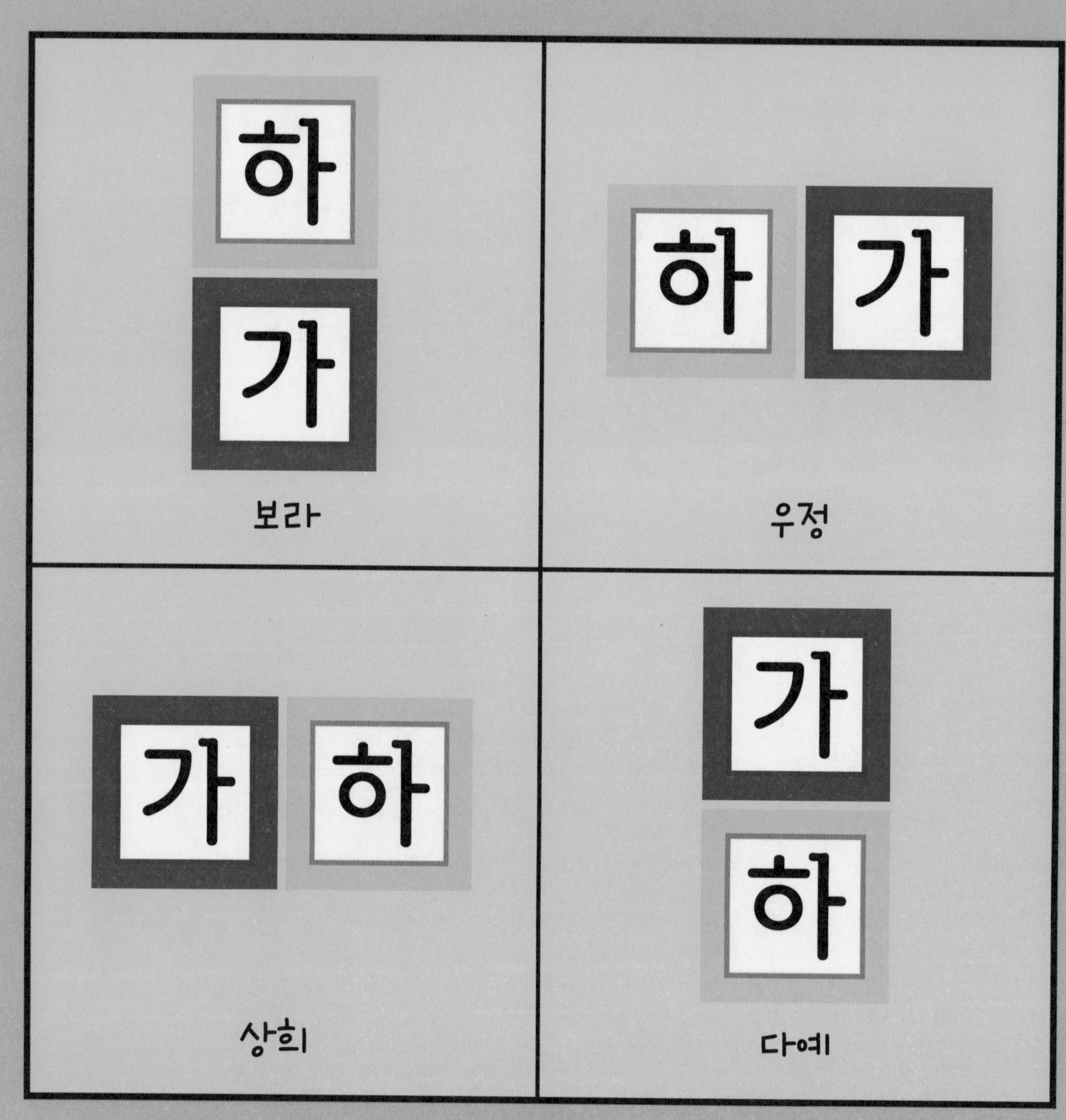

알맞은 규칙 찾기

개미들이 줄지어 행진하고 있어요.
개미들은 한 마리씩 늘어나 일정한 규칙을 만들어요.
규칙에 따라 가장 마지막 줄에 올 개미들을 그려 보세요.

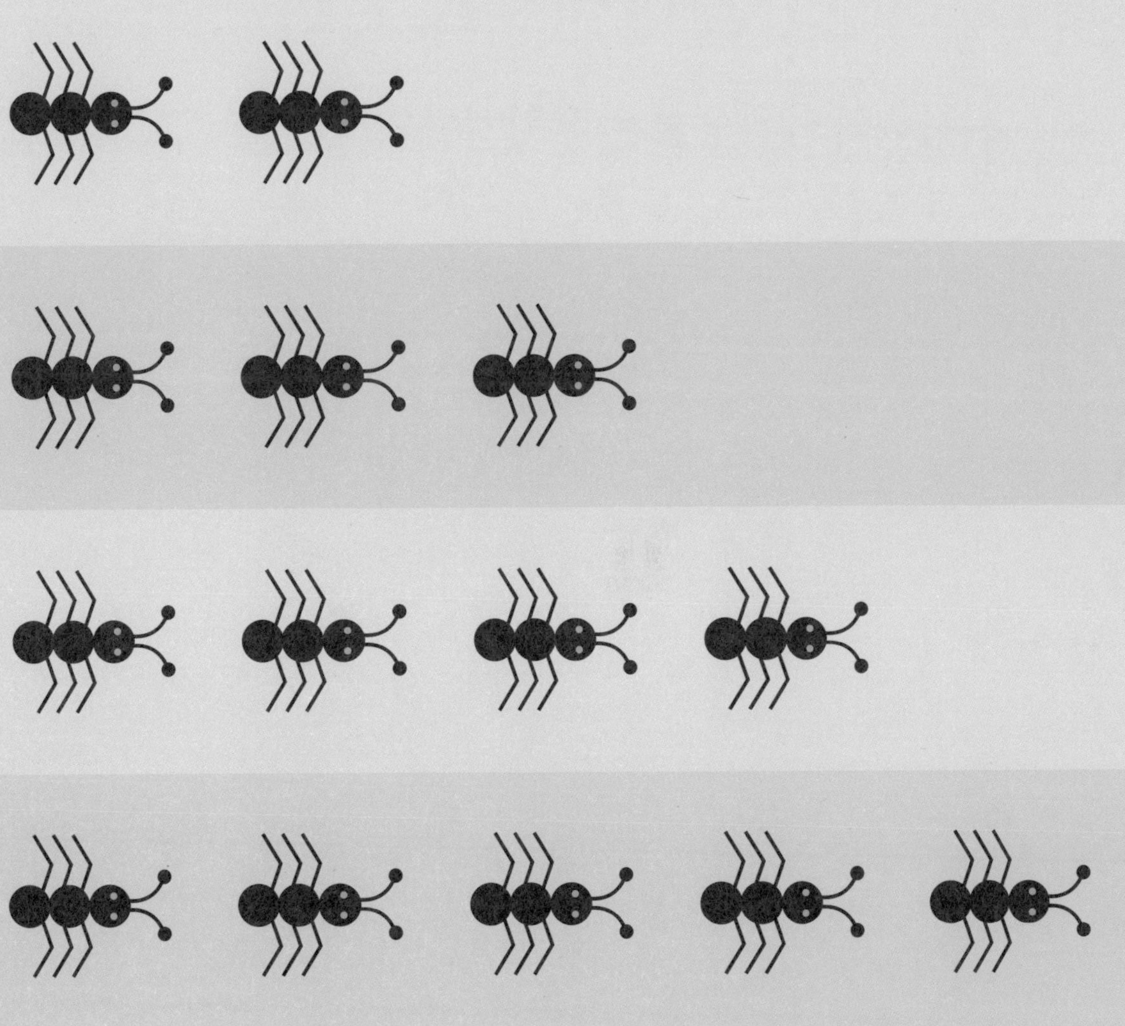

애완동물 맞히기

지우는 귀여운 애완동물을 키우고 있어요.
다음 수수께끼를 풀고 알맞은 그림에 ◯ 하세요.

이것은 털이 있는 동물이에요.
이것은 줄무늬도 있어요.
이것은 살금살금 걸어요.

지우의 애완동물은 무엇일까요?

IQ

사자 규칙 찾기

하열이는 동물원에서 사자를 보고 있어요.
사자는 일정한 규칙에 따라 일렬로 서 있어요.

다음에 올 사자는 어떤 것인지 찾아 ✓ 하세요.

얼룩말 규칙 찾기

영수는 동물원에서 얼룩말을 보고 있어요.
얼룩말은 일정한 규칙에 따라 다른 방향을 보고 있어요.

다음에 올 얼룩말은 어떤 것인지 찾아 ○ 하세요.

공룡 규칙 찾기 1

공룡들이 규칙에 맞춰 줄을 서 있어요.
아래에서 빈칸에 들어갈 공룡을 찾아 ◯ 하세요.

공룡 규칙 찾기 2

공룡들이 규칙에 맞춰 줄을 서 있어요.
아래에서 빈칸에 들어갈 공룡을 찾아 ◯ 하세요.

곤충 규칙 찾기

곤충들이 규칙에 맞춰 행진하고 있어요.
아래에서 빈칸에 들어갈 곤충을 찾아 ◯ 하세요.

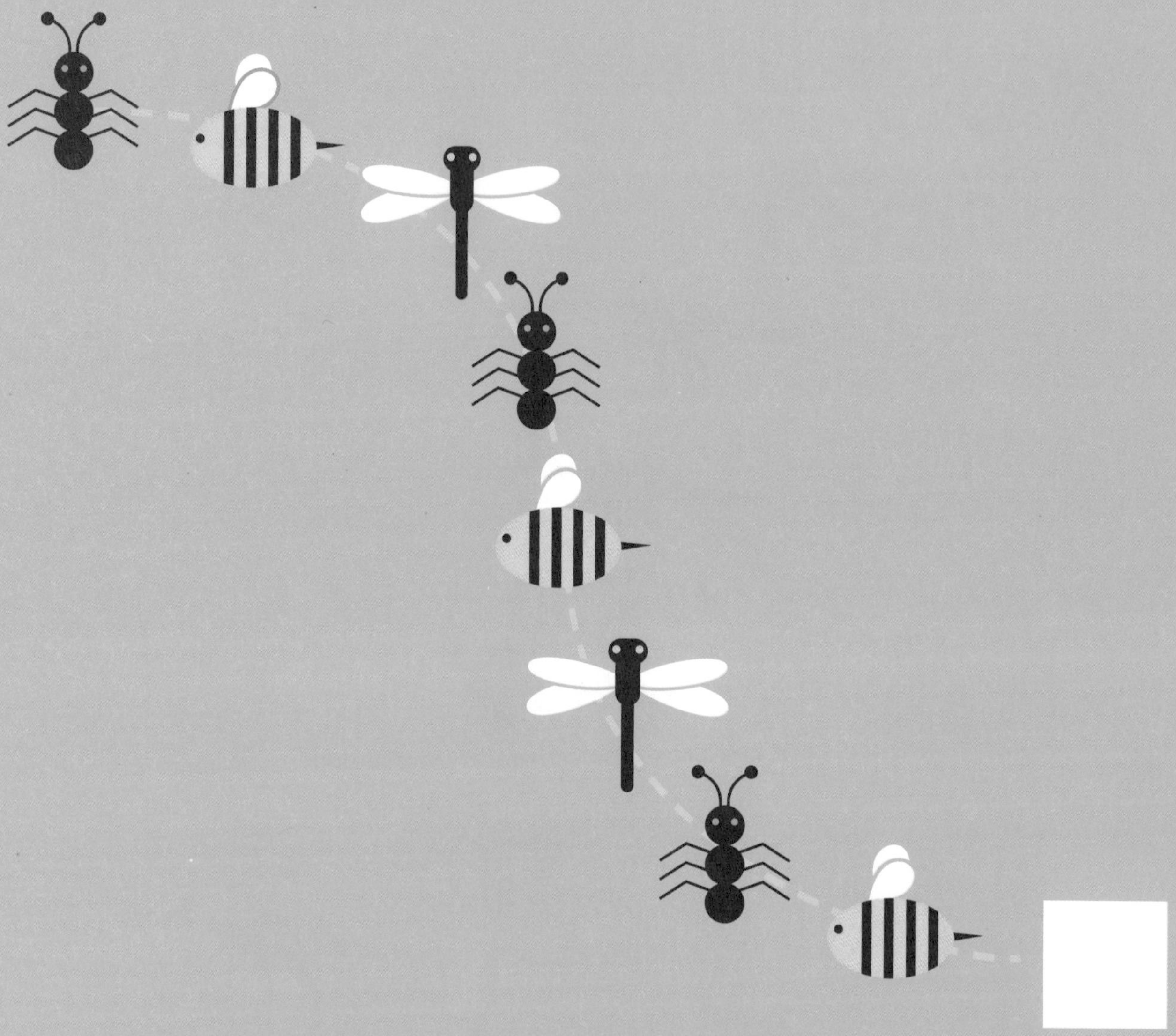

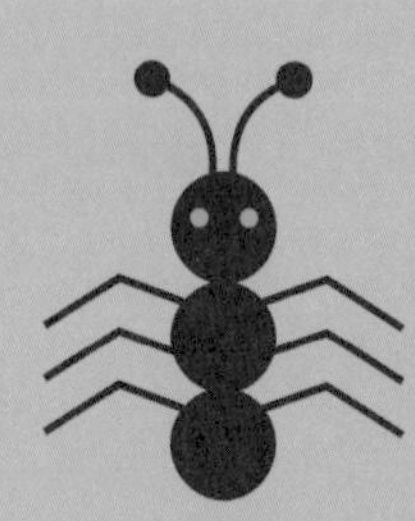

색깔 규칙 찾기

영빈이는 팔찌를 만들고 있어요.
각각의 팔찌는 일정한 색깔 규칙을 가지고 있어요.
아래 규칙에 따라 빈칸을 알맞은 색깔로 색칠해 보세요.

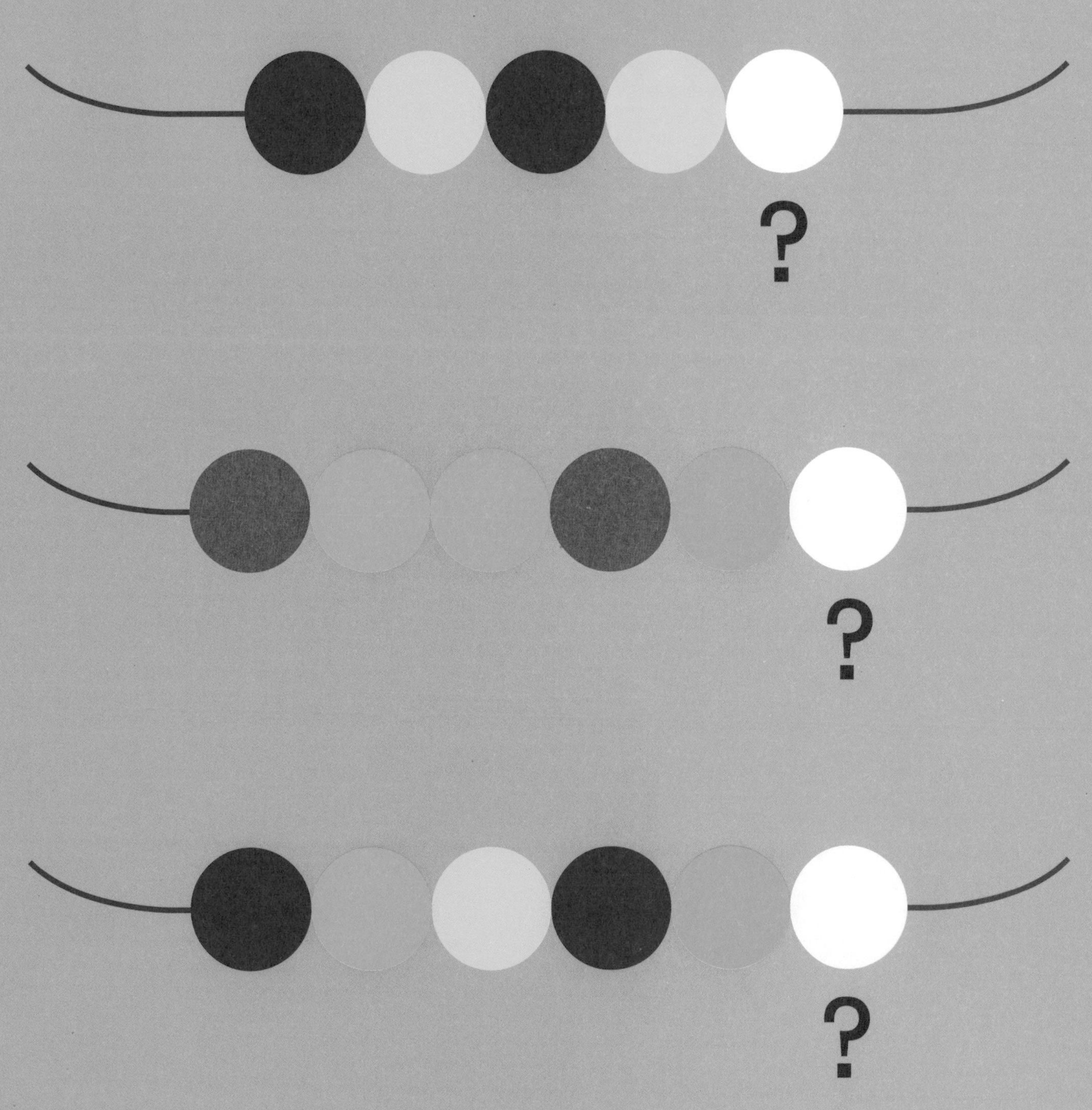

왼쪽을 보아요

하하네 농장 동물들은 모두 왼쪽을 보고 있어요.
다음 동물 중 하하네 농장 동물을 모두 찾아 ◯ 하세요.

왼쪽 오른쪽

오른쪽을 보아요

매일 아침 도마뱀은 햇볕을 쬐기 위해 오른쪽을 봐요.
이제 해가 지고 저녁이 되었어요.
아직도 오른쪽을 보고 있는 도마뱀을 모두 찾아 ◯ 하세요.

왼쪽

오른쪽

어느 것이 더 길까요?

예지는 다음 리본 중에서 두 번째로 긴 리본을 매고 싶어요.
예지가 어떤 리본을 맬지 찾아 ✓ 하세요.

긴 동물과 짧은 동물

다음 동물 중에서 몸길이가 가장 긴 동물에는 ◯,
가장 짧은 동물에는 ✕ 하세요.

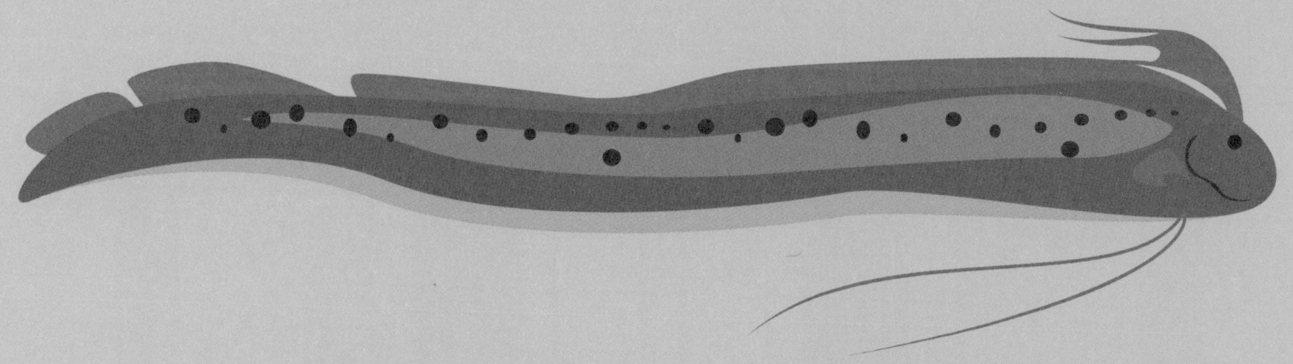

0 5 10 15 20 25 30 35 40

꼭꼭 숨어요 1

동물들이 집 주위에서 숨바꼭질을 해요.
집 위에 숨은 동물에는 ◯,
집 안에 숨은 동물에는 ✕ 하세요.

꼭꼭 숨어요 2

동물들이 나무 주위에서 숨바꼭질을 해요.
나무 속에 숨은 동물에는 ○,
땅속에 숨은 동물에는 ✕ 하세요.

위로 날아가요

벌 떼가 꽃을 찾아 붕붕 날아가고 있어요.
위쪽을 향해 날아가는 벌을 모두 찾아 ✓ 하세요.

아래로 내려가요

공항에는 출발하고 도착하는 비행기들로 복잡해요.
아래로 내려가는 비행기를 모두 찾아 ◯ 하세요.

크다와 작다

지효는 자기보다 몸집이 큰 동물을 좋아하고,
지수는 자기보다 몸집이 작은 동물을 좋아해요.
지효와 지수가 좋아하는 동물을 모두 찾아 선으로 이어 보세요.

지효

지수

키 순서로 줄 서기

키가 가장 작은 사람부터 차례대로 줄을 서려고 해요.
가장 작은 사람이 1이 되도록
1부터 5까지 빈칸에 숫자를 써 보세요.

큰 동물과 작은 동물

동물들이 크기 순서대로 줄을 서려고 해요.
가장 작은 동물이 1이 되도록 1부터 4까지 빈칸에 숫자를 써 보세요.

돼지

코끼리

곰

햄스터

잃어버린 방울 찾기

방울뱀들이 방울을 잃어버렸어요.
뱀의 크기가 클수록 방울의 수도 많아야 해요.
각 뱀에 알맞은 수의 방울을 찾아 선으로 이어 보세요.

높이가 같아요

바다 미역은 30미터나 높이 자랄 수 있어요.
바다 미역과 높이가 같은 것을 찾아 ◯ 하세요.

가장 무거운 것은?

아래 물건 중에서 가장 무거운 것을 찾아 ◯ 하세요.

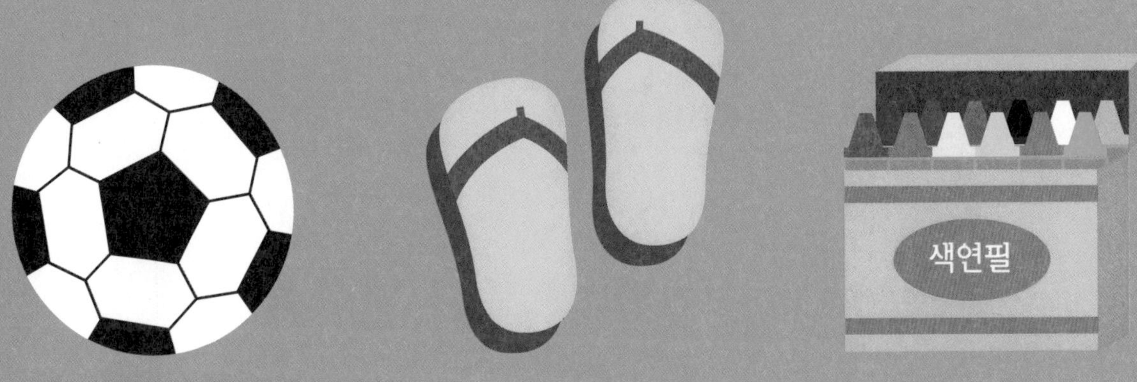

부드러운 물건

민호는 부드러운 물건을 갖고 싶어요.
아래 물건 중에서 부드러운 것을 모두 찾아 ◯ 하세요.

단단한 물건

민수는 단단한 물건을 갖고 싶어요.
아래 물건 중에서 단단한 것을 모두 찾아 ◯ 하세요.

망치　　바나나　　꽃

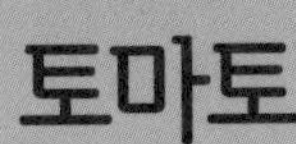

토마토　　프라이팬　　동전

균형 맞추기 1

양쪽의 무게가 똑같은 시소를 찾아 ◯ 하세요.

균형 맞추기 2

아래 4명의 친구들은 시소를 수평으로 만들려고 해요.
시소를 수평으로 만들 수 있는 친구 2명을 찾아 ◯ 하세요.

유치원 가방 챙기기

유하는 유치원에 갈 가방을 챙기고 있어요.
유치원에 가지고 가면 안 되는 위험한 물건을 찾아 ◯ 하세요.

집에 있는 물건

주로 집 안에서 볼 수 있는 물건에는 ◯,
집 밖에서 볼 수 있는 물건에는 ✕ 하세요.

사계절 순서

우리나라의 날씨는 봄, 여름, 가을, 겨울 사계절로 나뉘어요.
봄이 1이 되도록 계절 순서에 맞게
1부터 4까지 빈칸에 숫자를 써 보세요.

봄  □

가을  □

겨울  □

여름 □

무슨 운동을 할까요?

축구, 야구, 농구를 좋아하는 수영이는
일정한 순서로 하루에 한 가지씩 운동을 해요.
순서에 맞게 토요일에 할 운동을 찾아 ◯ 하세요.

월요일	화요일	수요일
목요일	금요일	토요일

어떤 간식을 먹을까요?

은혜는 하루에 한 가지씩 간식을 먹어요.
은혜가 매일 먹는 간식의 순서를 잘 살펴보고
순서에 맞게 수요일에 먹을 간식을 찾아 ◯ 하세요.

월요일	화요일	수요일	목요일	금요일
월요일	화요일	수요일 ?	목요일	금요일

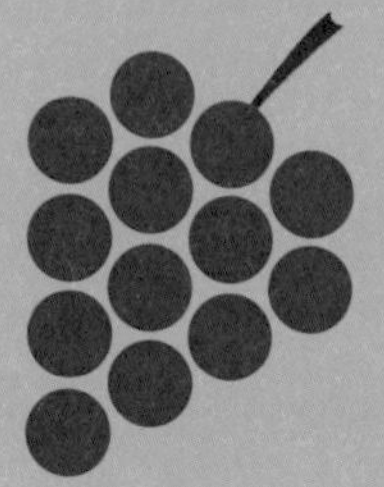

물고기 인기투표

선희네 반 친구들은 좋아하는 물고기에 투표를 했어요.
1표를 얻을 때마다 막대기로 표시해요.
𝍸는 5표를 뜻해요. 가장 많은 표를 얻은 물고기는 몇 표인가요?
빈칸에 알맞은 숫자를 써 보세요.

☐ 표

물고기	표의 개수
금붕어	𝍸 ǁ
해파리	ǀǀǀ
상어	𝍸

애완동물 인기투표

나리와 친구들은 좋아하는 애완동물 옆에 별 스티커를 붙였어요.
가장 인기가 많은 애완동물을 찾아 ◯ 하세요.

가장 인기가 많은 애완동물에는 별 스티커가 몇 개 붙어 있나요?
빈칸에 알맞은 숫자를 써 보세요.

☐ 개

언어

사라진 글자 찾기

기차에서 글자들이 사라졌어요.
아래에서 사라진 글자를 찾아 가나다 순서에 맞게 빈칸에 써 보세요.

나 파 사 타

가나다 발자국 찾기

강아지들이 발자국을 남겨 놓았어요.
가나다 순서에 맞게 발자국을 남긴 강아지를 찾아 ◯ 하세요.

가나다 줄 서기

우리 반에서는 항상 가나다 순서로 줄을 서요.
친구들 이름의 첫 글자를 보고 가나다 순서에 맞게
1부터 5까지 빈칸에 숫자를 써 보세요.

가나다 도서관

가나다 도서관에는 책이 가나다 순서로 꽂혀 있어요.
가나다 순서에 맞게 빈칸에 알맞은 글자를 써 보세요.

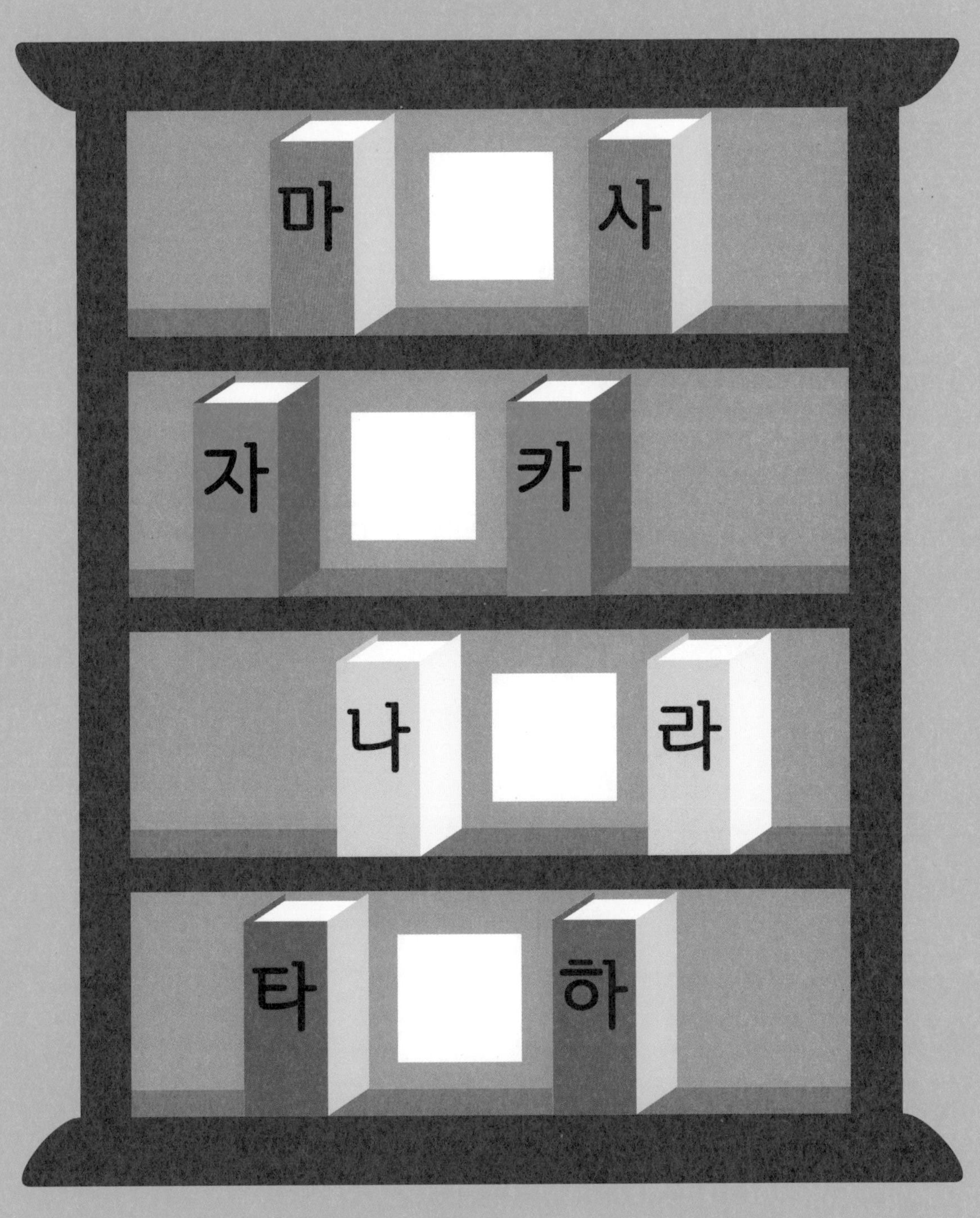

신 나는 낱말 퍼즐

'ㄱ'이 들어가는 여러 가지 낱말이 있어요.
빈칸에 알맞은 글자를 써서 퍼즐을 완성해 보세요.

똑같은 글자 찾기

'ㄴ'이 들어가는 여러 가지 낱말이 있어요.
빈칸에 알맞은 글자를 쓰고 똑같은 글자끼리 선으로 이어 보세요.

☐비 ☐란색

피아☐ ☐무

테☐스 주머☐

사라진 글자 쓰기

'ㄷ'이 들어가는 낱말의 글자가 사라졌어요.
아래에서 사라진 글자를 찾아 빈칸에 써 보세요.

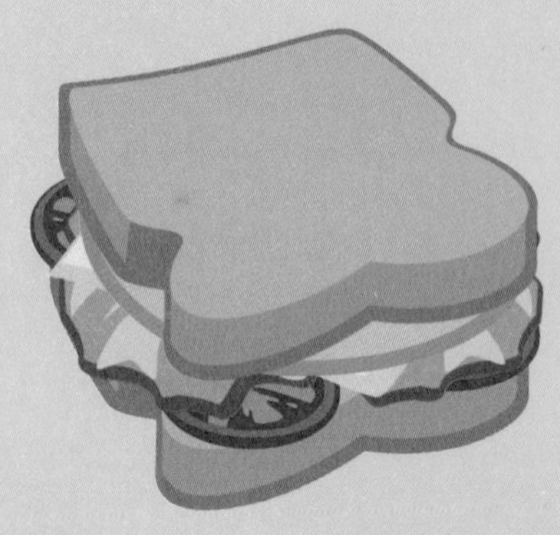

샌 □ 위치

□ 람쥐

□ 마뱀

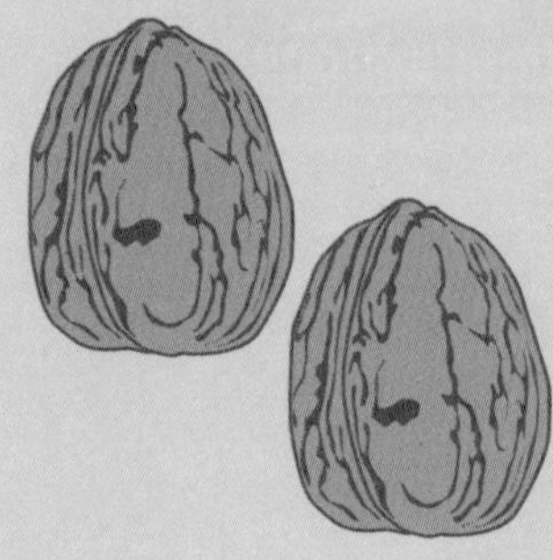

호 □

두 도 다 드

이름을 완성해요

'ㄹ'이 들어가는 여러 가지 낱말이 있어요.
빈칸에 알맞은 글자를 쓰고 똑같은 글자를 찾아 선으로 이어 보세요.

고릴 □ • • 리

□ 켓 • • 라

체 □ • • 로

낱말 완성하기

'ㅁ'이 들어가는 여러 가지 낱말이 있어요.
빈칸에 알맞은 글자를 써서 퍼즐을 완성해 보세요.

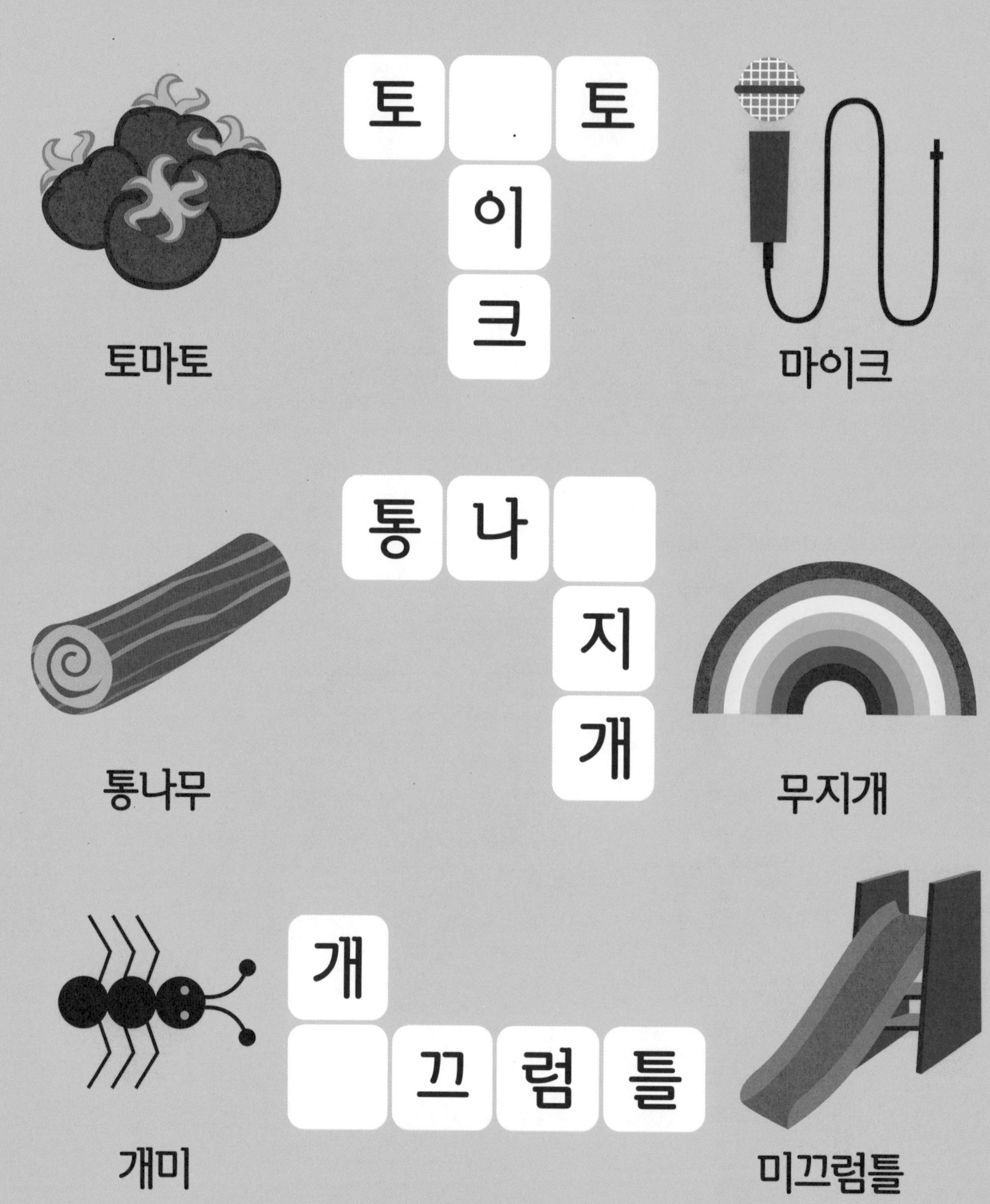

알맞은 글자 연결하기

'ㅂ'이 들어가는 여러 가지 낱말이 있어요.
빈칸에 알맞은 글자를 쓰고 똑같은 글자를 찾아 선으로 이어 보세요.

빠진 글자 찾기

'ㅅ'이 들어가는 여러 가지 낱말이 있어요.
빈칸에 알맞은 글자를 쓰고 똑같은 글자가 실려 있는
기차를 찾아 선으로 이어 보세요.

☐탕

독☐리

테니☐

서	사	소

소	스	서

수	서	소

똑같은 글자 찾기

'ㅇ'이 들어가는 여러 가지 낱말이 있어요.
빈칸에 알맞은 글자를 쓰고 똑같은 글자끼리 선으로 이어 보세요.

낱말 미로 통과하기 1

토끼는 'ㄲ'으로 시작하는 낱말이 있는 칸으로만 갈 수 있어요.
토끼가 집으로 갈 수 있도록 선을 그어 보세요.

꿀벌	꼬리	나무
하마	꼬마	자전거
포크	꽃	깡통

낱말 물고기 낚시하기

창민이는 'ㄸ'으로 시작하는 낱말이 쓰인 물고기만 잡아요.
창민이가 잡을 물고기를 모두 찾아 ◯ 하세요.

눈썹

땅콩

다리미

뜨개질

도토리

조끼

새싹

뚜껑

아빠

낱말 미로 통과하기 2

개구리는 'ㅃ'으로 시작하는 낱말이 있는 칸으로만 갈 수 있어요.
개구리가 집으로 갈 수 있도록 선을 그어 보세요.

찰칵찰칵 사진 찍기

수지는 이름이 'ㅆ'으로 시작하는 것들만 사진으로 찍어요.
수지가 찍은 사진을 모두 찾아 ◯ 하세요.

코끼리

쌍둥이

동그라미

의자

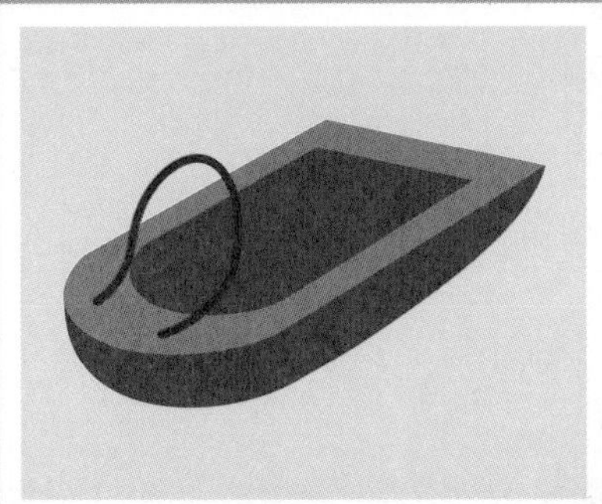
썰매

꽃

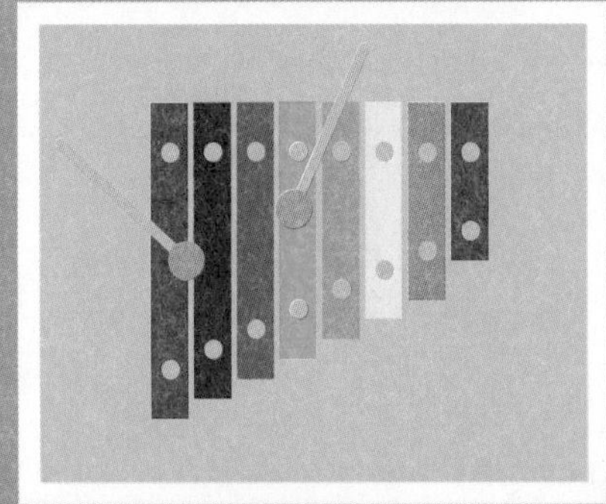
실로폰

모자

쌍안경

낱말 꽃 찾기

꿀벌은 'ㅉ'으로 시작하는 낱말이 쓰인 꽃만 찾아가요.
꿀벌이 찾아갈 수 있는 꽃을 모두 찾아 ◯ 하세요.

낱말 구별하기

'ㄲ, ㄸ, ㅃ'으로 시작하는 여러 가지 낱말이 섞여 있어요.
'ㄲ'으로 시작하는 낱말에는 ○,
'ㄸ'으로 시작하는 낱말에는 △,
'ㅃ'으로 시작하는 낱말에는 ✕ 하세요.

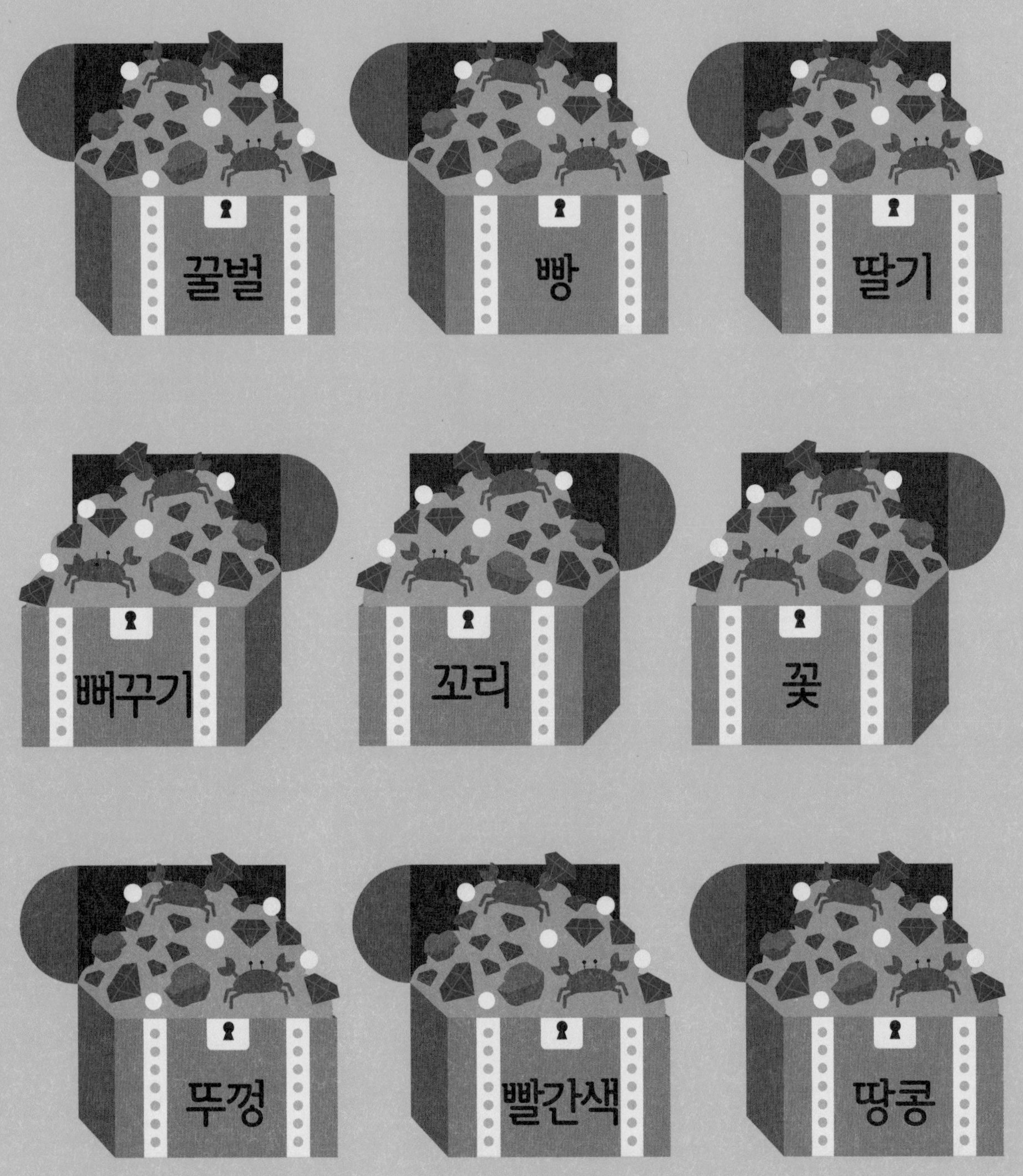

탈것 이름 완성하기

주차장에 여러 종류의 차가 서 있어요.
다음 열쇠 중에서 알맞은 것을 찾아 빈칸에 글자를 써 보세요.

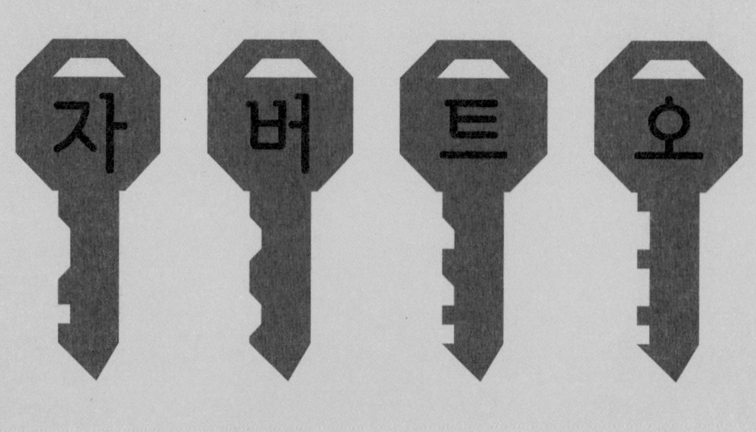

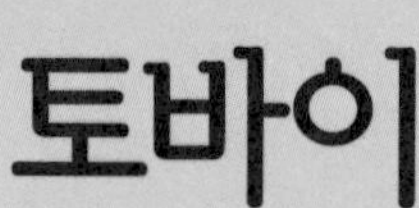

동차

스

뒤죽박죽 동물 이름

바다 동물 이름의 글자 순서가 뒤죽박죽 섞여 있어요.
바다 동물의 이름을 순서에 맞게 써 보세요.

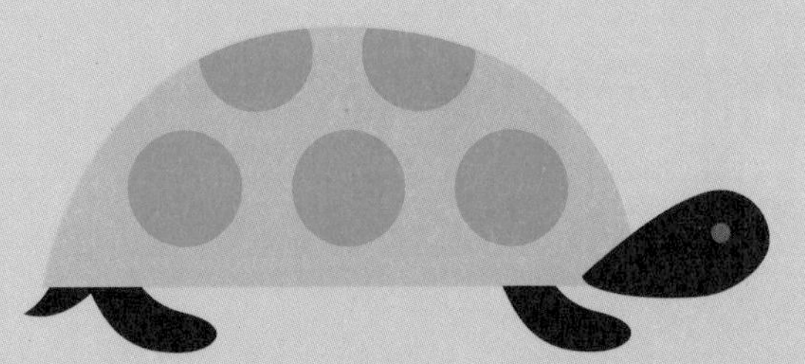

이 북 거

돌 래 고

어 상

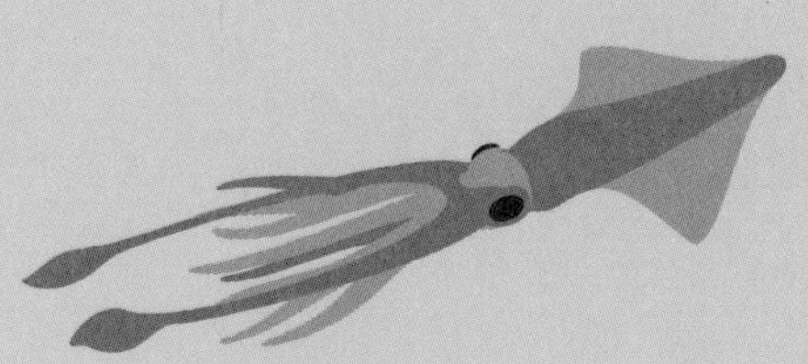

징 어 오

탈것 이름 연결하기

탈것의 이름이 적힌 알맞은 열쇠를 찾아 선으로 이어 보세요.

자동차

트럭

버스

기차

뒤죽박죽 탈것 이름

탈것 이름의 글자 순서가 뒤죽박죽 섞여 있어요.
탈것의 이름을 순서에 맞게 써 보세요.

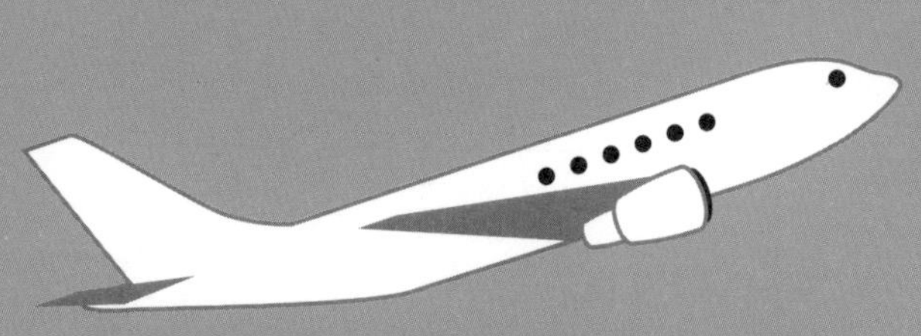

비 기 행

스 버

차 동 자

전 거 자

과일 이름 완성하기

빈칸에 과일 이름의 첫 글자를 쓰고
똑같은 글자를 찾아 선으로 이어 보세요.

□과 • • 포

□숭아 • • 사

□도 • • 복

동물 이름 완성하기

빈칸에 동물 이름의 첫 글자를 쓰고
똑같은 글자가 적힌 열쇠를 찾아 선으로 이어 보세요.

코 돼 사 호

☐랑이 ☐끼리 ☐지 ☐자

채소 이름 찾기

커다란 그릇에 채소들이 들어 있어요.
아래에서 각 채소에 알맞은 이름을 찾아 선으로 이어 보세요.

무 당근 버섯 양상추

곤충 이름 완성하기

빈칸에 곤충 이름의 첫 글자를 쓰고
똑같은 글자를 찾아 선으로 이어 보세요.

□자리 • • 개

□미 • • 무

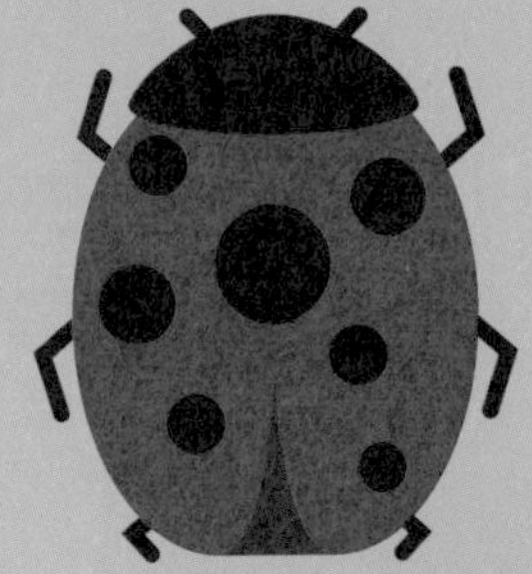

□당벌레 • • 잠

색깔 이름 찾기

크레파스에 붙어 있는 색깔 이름표가 벗겨졌어요.
이름표의 첫 글자를 찾아 선으로 이어 보세요.

같은 글자가 두 개

다음 낱말을 큰 소리로 따라 읽어 보세요.
한 낱말 안에 똑같은 글자가 두 번 쓰인 낱말을 모두 찾아 ◯ 하세요.

금붕어

토마토

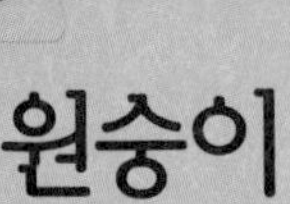

원숭이

오렌지

바나나

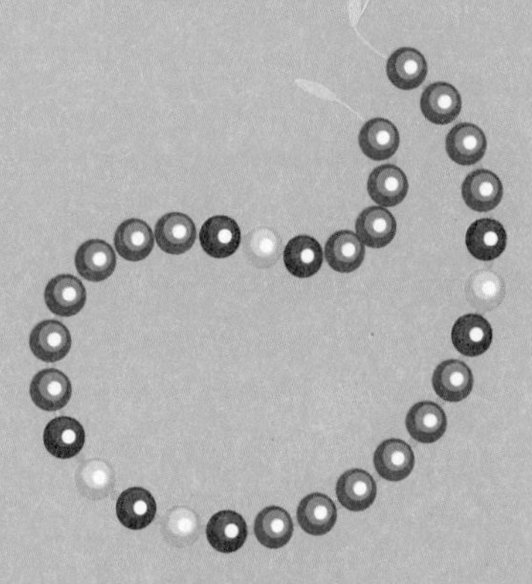

목걸이

뛰뛰빵빵 째깍째깍

각 그림에 어울리는 낱말을 찾아 선으로 이어 보세요.

자동차

병아리

시계

기차

째깍째깍

삐악삐악

칙칙폭폭

뛰뛰빵빵

깡충깡충 엉금엉금

각 그림에 어울리는 낱말을 찾아 선으로 이어 보세요.

토끼

고양이

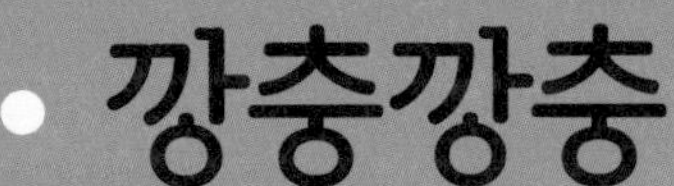

거북이

살금살금

애벌레

꼬물꼬물

반대말 찾기 1

서로 반대되는 특징을 가진 쥐를 찾아 선으로 이어 보세요.

작다

시끄럽다

빠르다

크다

조용하다

느리다

반대말 찾기 2

서로 반대되는 특징을 가진 쥐를 찾아 선으로 이어 보세요.

무겁다

길다

짧다

가볍다

행복하다

슬프다

빠진 글자 쓰기

낱말의 가운데 글자가 빠져 있어요.
아래에서 빠진 글자를 찾아 빈칸에 써 보세요.

자 도 아 구

수학

수 세고 따라 쓰기

다음 동그라미의 개수를 세어 보고 큰 소리로 읽어 보세요.
그리고 숫자를 따라 써 보세요.

십일·열하나

십이·열둘

십삼 · 열셋

	13	13

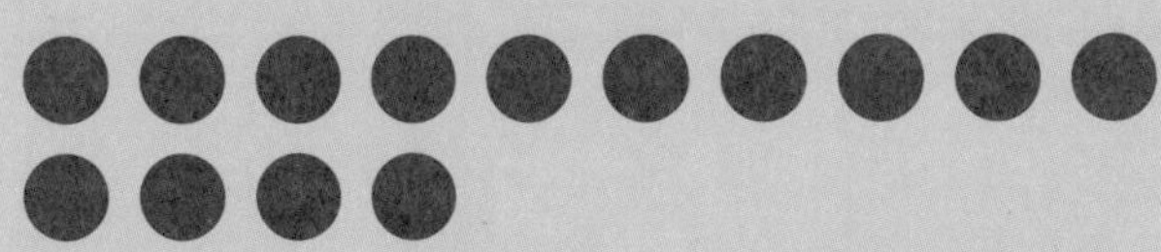

십사 · 열넷

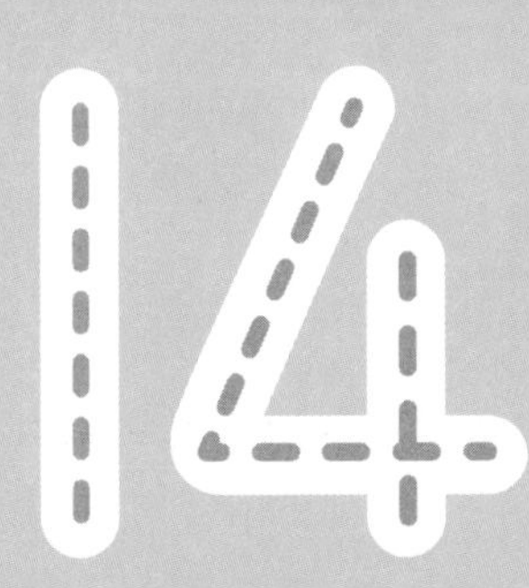	14	14

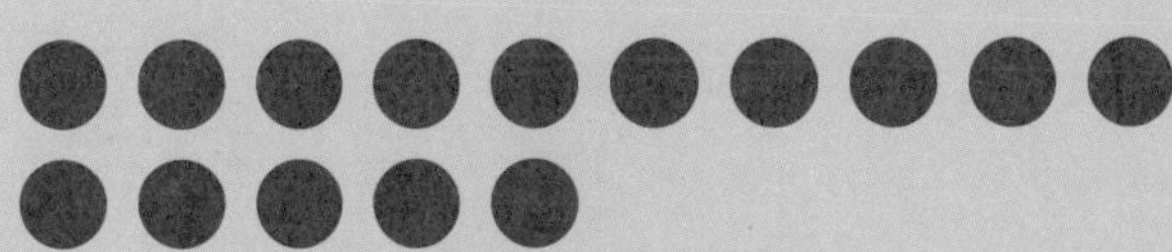

십오 · 열다섯

	15	15

수 세고 따라 쓰기

다음 동그라미의 개수를 세어 보고 큰 소리로 읽어 보세요.
그리고 숫자를 따라 써 보세요.

십육 · 열여섯

16 16 16

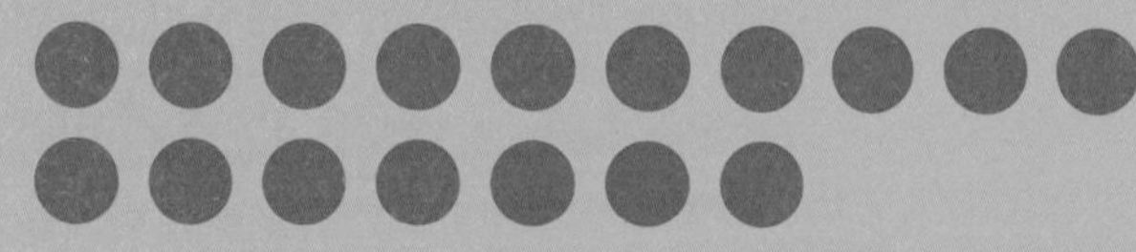

십칠 · 열일곱

17 17 17

십팔 · 열여덟

18	18	18

십구 · 열아홉

19	19	19

이십 · 스물

20	20	20

1부터 10까지 차례대로 세기

달콤한 아이스크림이 줄지어 있어요.
아이스크림의 덩어리 개수를 세어 보고
빈칸에 알맞은 숫자를 써 보세요.

1

창문 개수 세기

가운데 빌딩에 창문이 몇 개 있는지 세어 보고
빈칸에 알맞은 숫자를 써 보세요.

☐ 개

책을 세어 보아요

맨 위 칸과 맨 아래 칸에는 책이 몇 권 있는지 세어 보고
빈칸에 알맞은 숫자를 써 보세요.

맨 위 칸 ☐ 권

맨 아래 칸 ☐ 권

누가 점이 더 많을까요?

각 무당벌레 등에 있는 점의 개수를 세어 보고
가장 점이 많은 무당벌레를 찾아 ◯ 하세요.

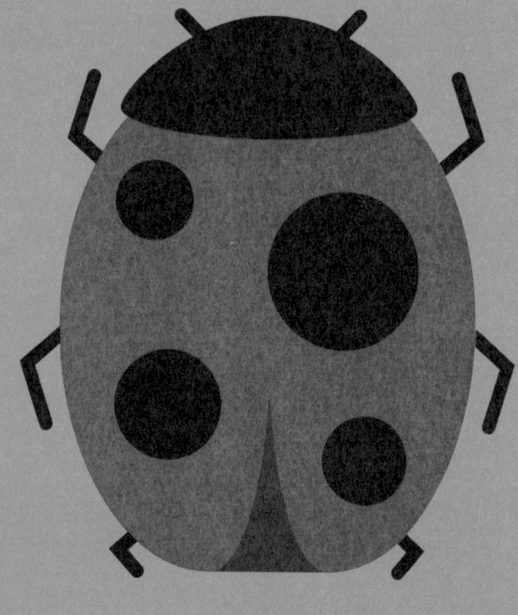

별이 총총 떴어요

재중이는 망원경으로 별 보는 것을 좋아해요.
재중이가 본 별의 개수를 세어 보고
아래에서 알맞은 숫자를 찾아 ◯ 하세요.

10 12 14 16

135 홀수 익히기

아래 박스에는 홀수의 공이 들어 있어요.
공의 개수를 세어 보고 빈칸에 알맞은 숫자를 써 보세요.

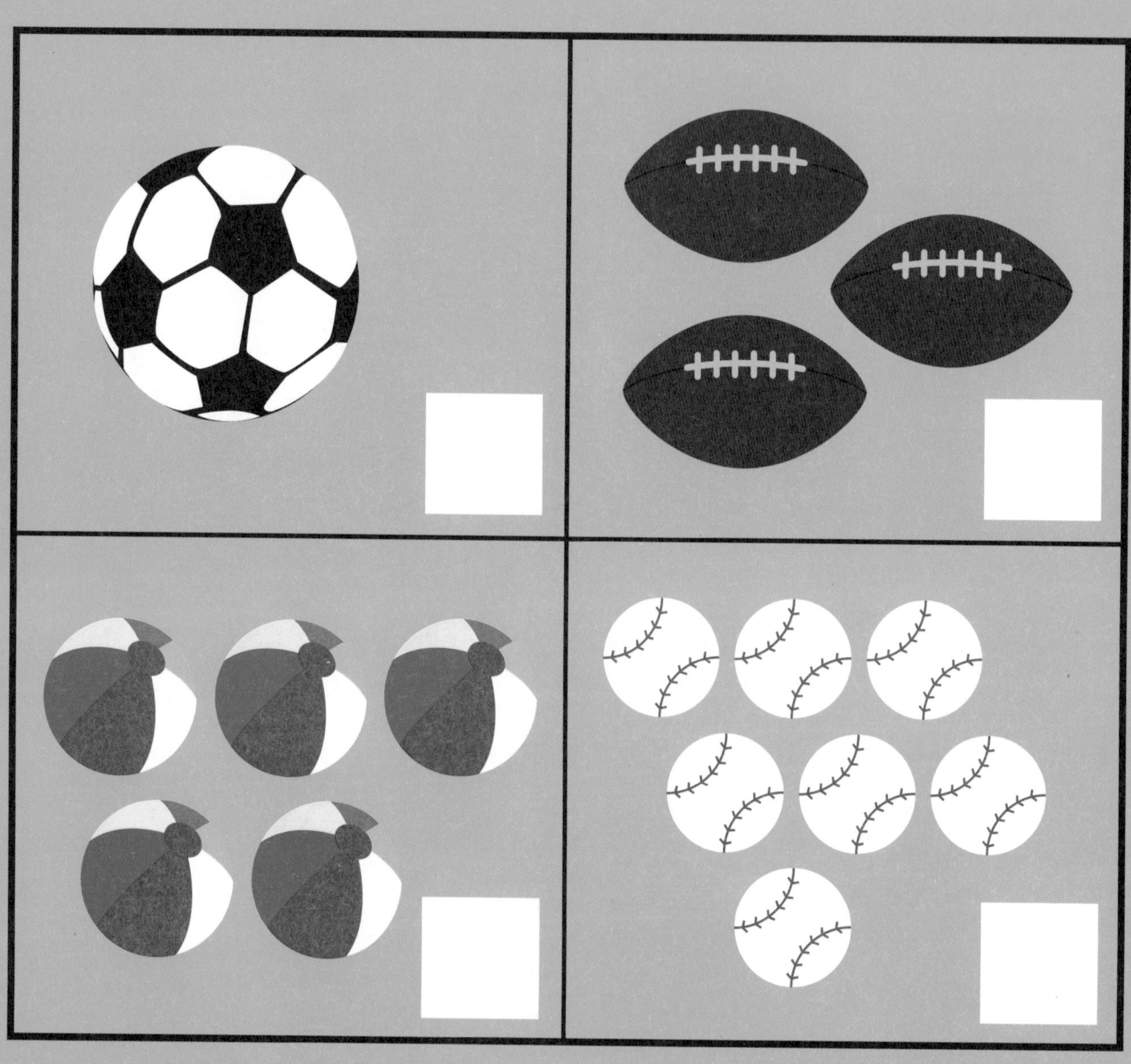

힌트: 숫자만큼 손가락을 펴 보세요.
짝이 없는 손가락이 있으면 그 수는 홀수예요.

246 짝수 익히기

아래 박스에는 짝수의 과일이 들어 있어요.
과일의 개수를 세어 보고 빈칸에 알맞은 숫자를 써 보세요.

힌트: 숫자만큼 손가락을 펴 보세요.
모든 손가락이 짝을 찾으면 그 수는 짝수예요.

블록으로 높이 재기

선우는 블록으로 물건의 높이 재는 것을 좋아해요.
선우의 강아지는 블록 3개를 합한 높이예요.

다음 그림을 보고 빈칸에 알맞은 숫자를 써 보세요.

선우의 형은 블록 [ ] 개를 합한 높이예요.

선우의 책상은 블록 [ ] 개를 합한 높이예요.

블록 세기

대성이는 5개의 블록을, 지용이는 6개의 블록을 가지고 있어요.
대성이가 만든 블록에는 ○, 지용이가 만든 블록에는 ╳ 하세요.

유리의 바나나 찾기

유리는 바나나 6개를 가지고 있는데
그중 3개의 껍질을 벗겼어요.
유리가 가진 바나나들은 어떤 것인지 찾아 빈칸에 ◯ 하세요.

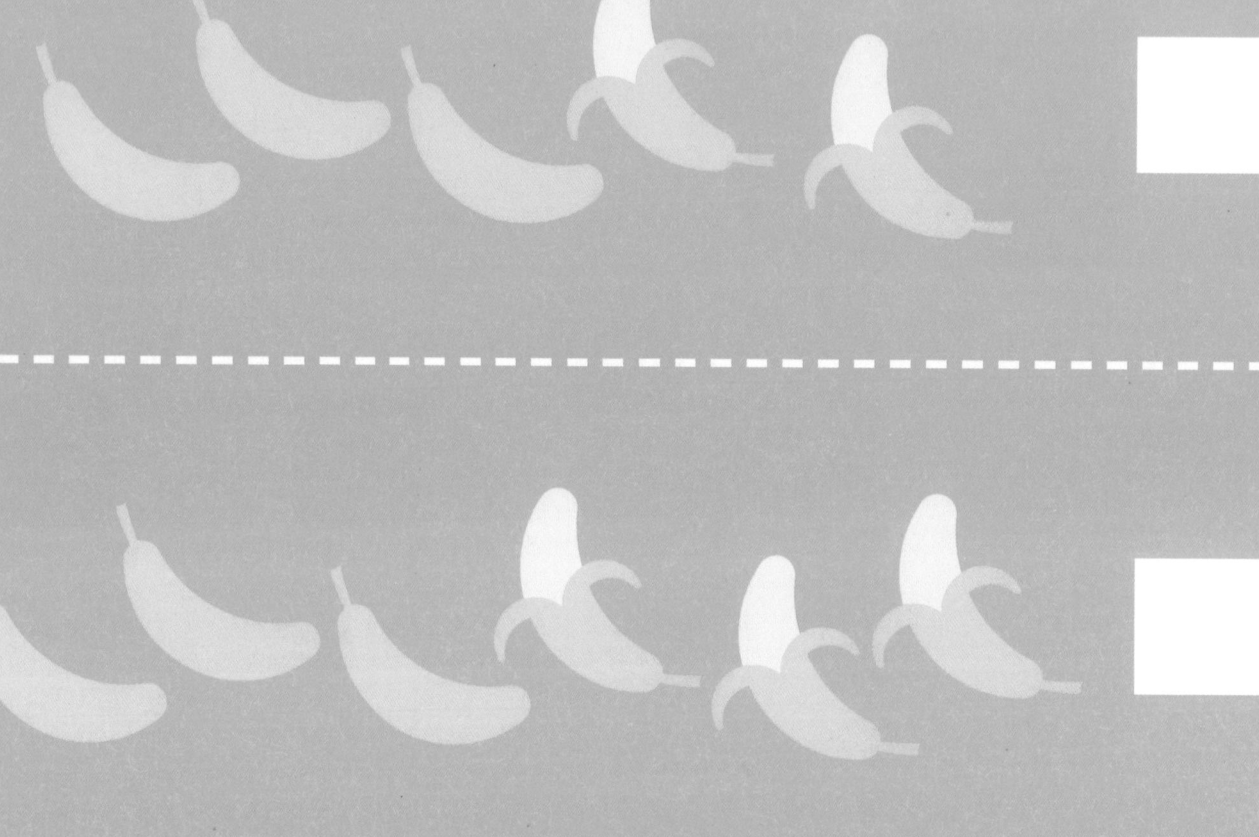

준이의 피클 찾기

준이는 피클 5조각을 가지고 있는데
그중 2조각을 한 입씩 베어 먹었어요.
준이가 가진 피클 조각들은 어떤 것인지 찾아 빈칸에 ◯ 하세요.

더 많아요

다음의 탈것들을 세어 보세요.
양쪽 탈것의 수를 비교해 보고 더 많은 쪽에 ◯ 하세요.

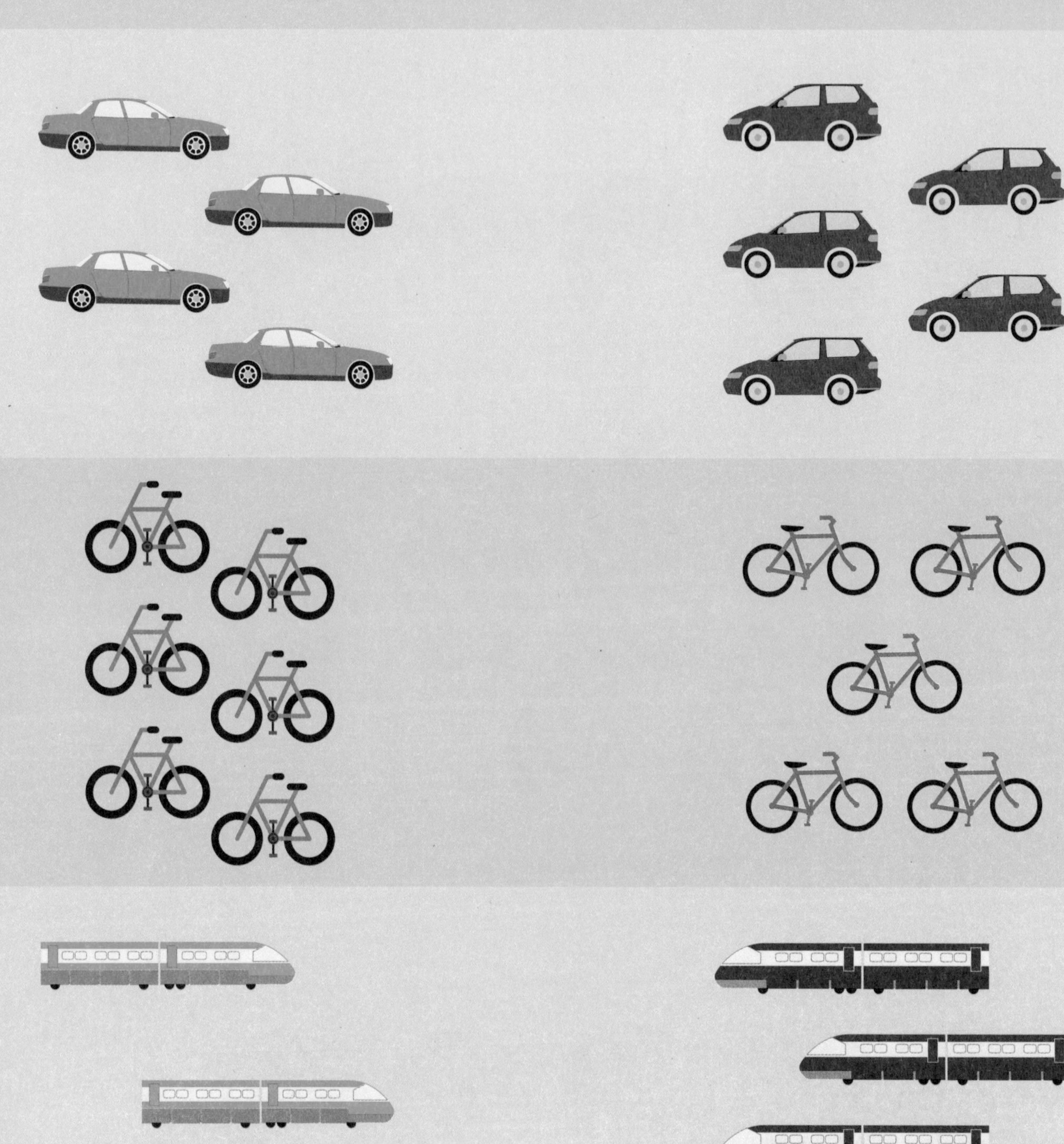

더 적어요

다음의 동물들을 세어 보세요.
양쪽 동물의 수를 비교해 보고 더 적은 쪽에 ◯ 하세요.

가장 많은 동물 찾기

각 동물의 수를 세어 보고
가장 많이 모여 있는 동물을 찾아 빈칸에 ◯ 하세요.

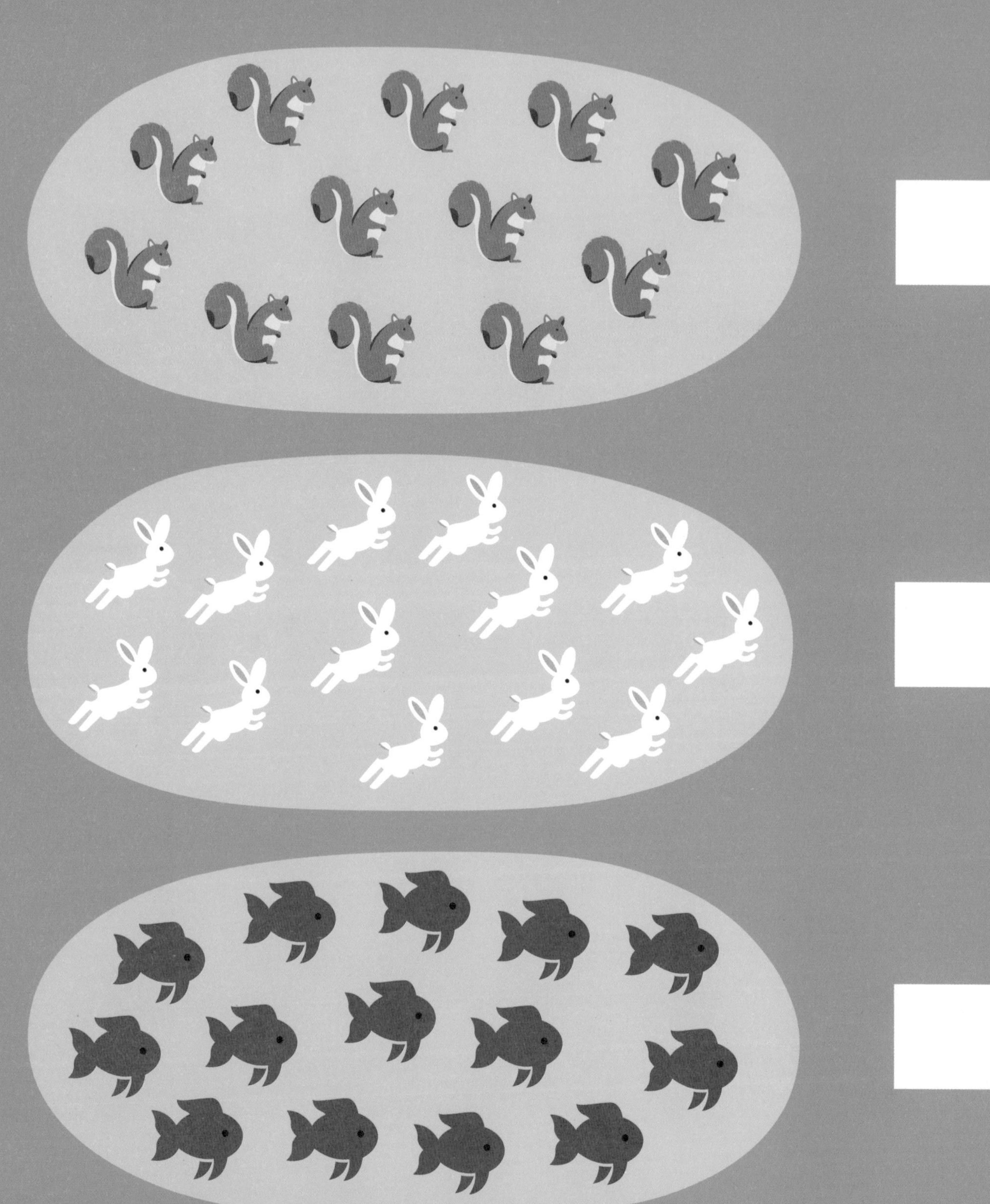

가장 적은 과일 찾기

각 과일의 수를 세어 보고
가장 적게 모여 있는 과일을 찾아 빈칸에 ◯ 하세요.

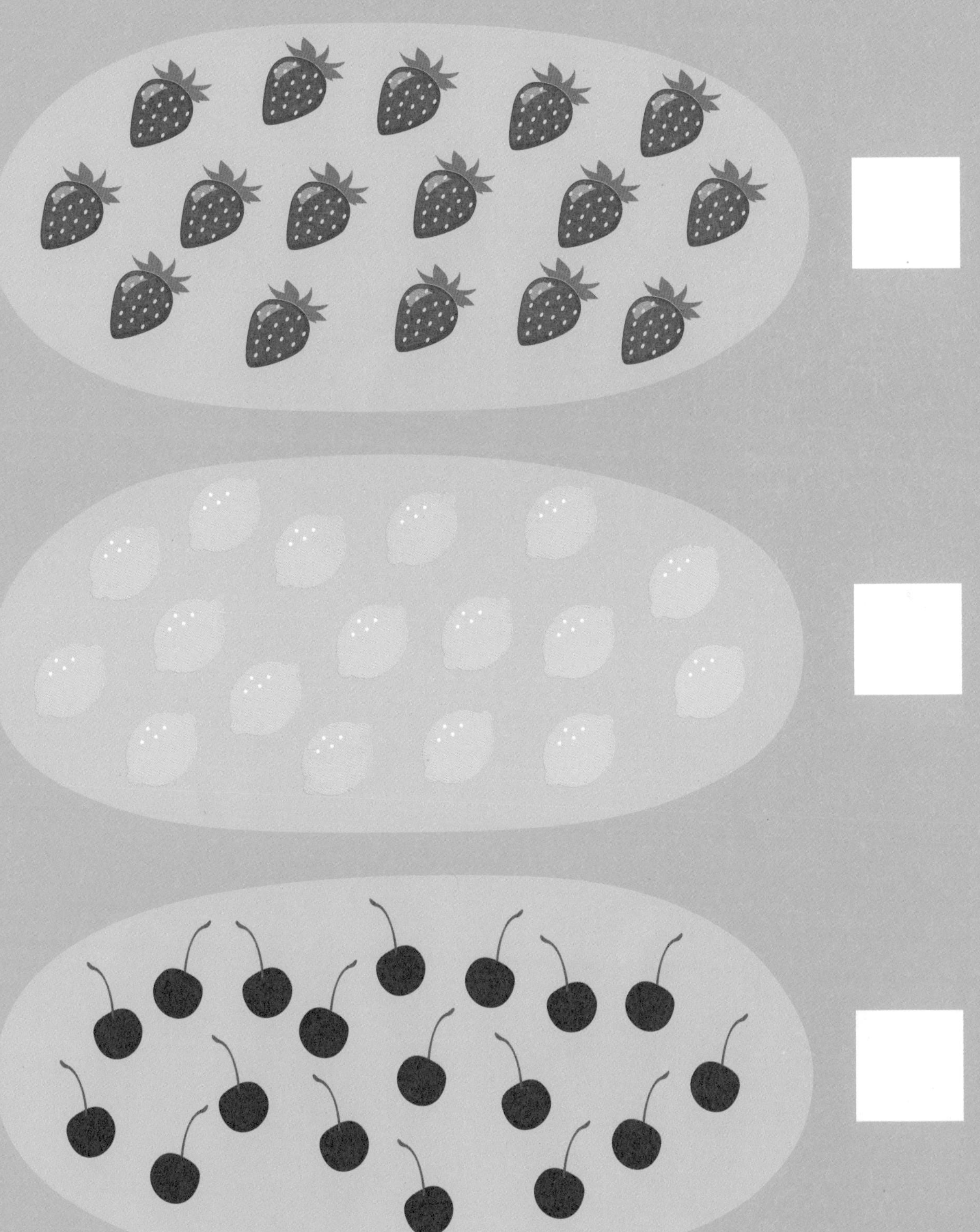

사과 나눠 먹기

민영이는 친구들과 함께 사과를 나눠 먹기로 했어요.
민영이와 친구 3명이 각각
사과를 1조각씩 먹으려면 어떻게 잘라야 할까요?
알맞게 자른 사과를 찾아 ○ 하세요.

피자 나눠 먹기

우석이네 가족은 피자를 먹으려고 해요
우석이와 엄마, 아빠 그리고 여동생 2명이 각각
피자를 2조각씩 먹으려면 어떻게 잘라야 할까요?
알맞게 자른 피자를 찾아 ○ 하세요.

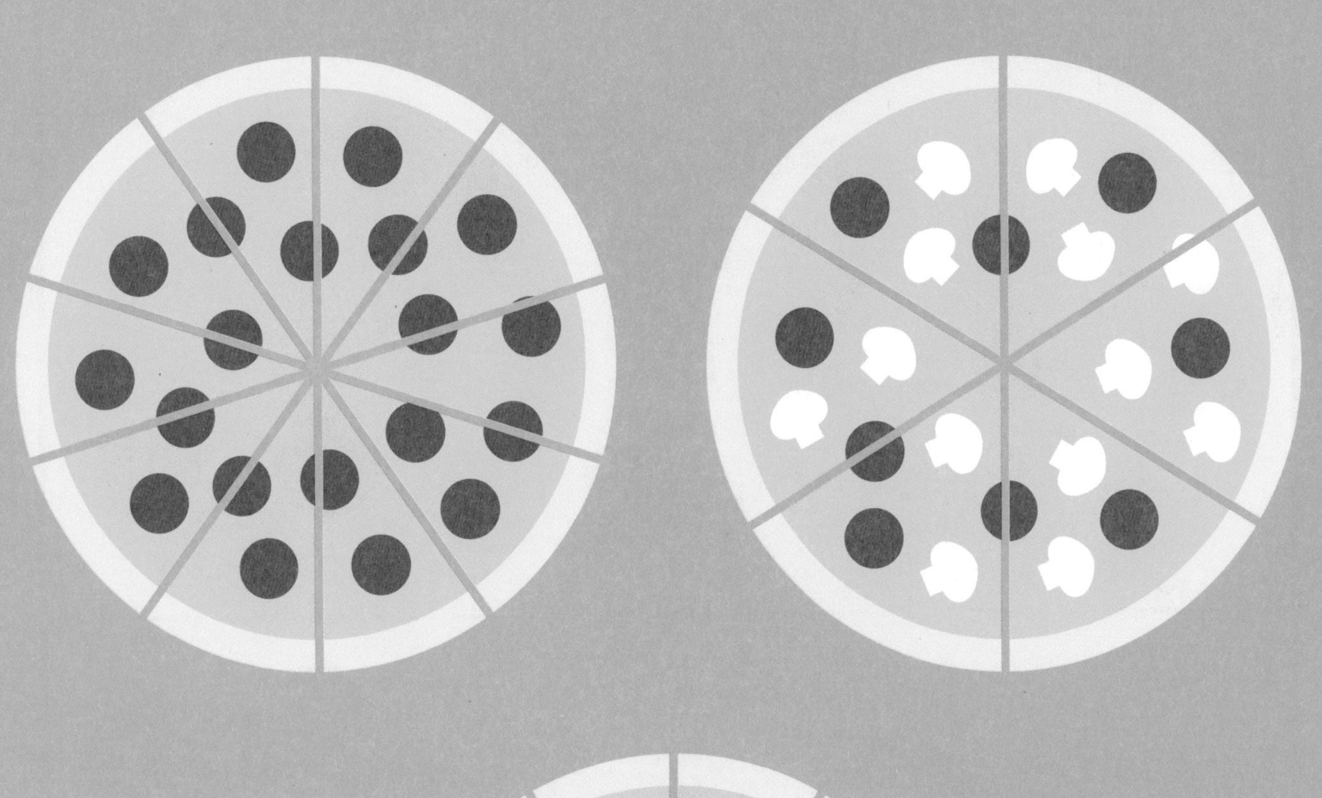

반으로 나눠요

보람이는 뭐든지 친구와 공평하게 반으로 나눠요.
보람이가 반으로 나눈 간식을 모두 찾아 ◯ 하세요.

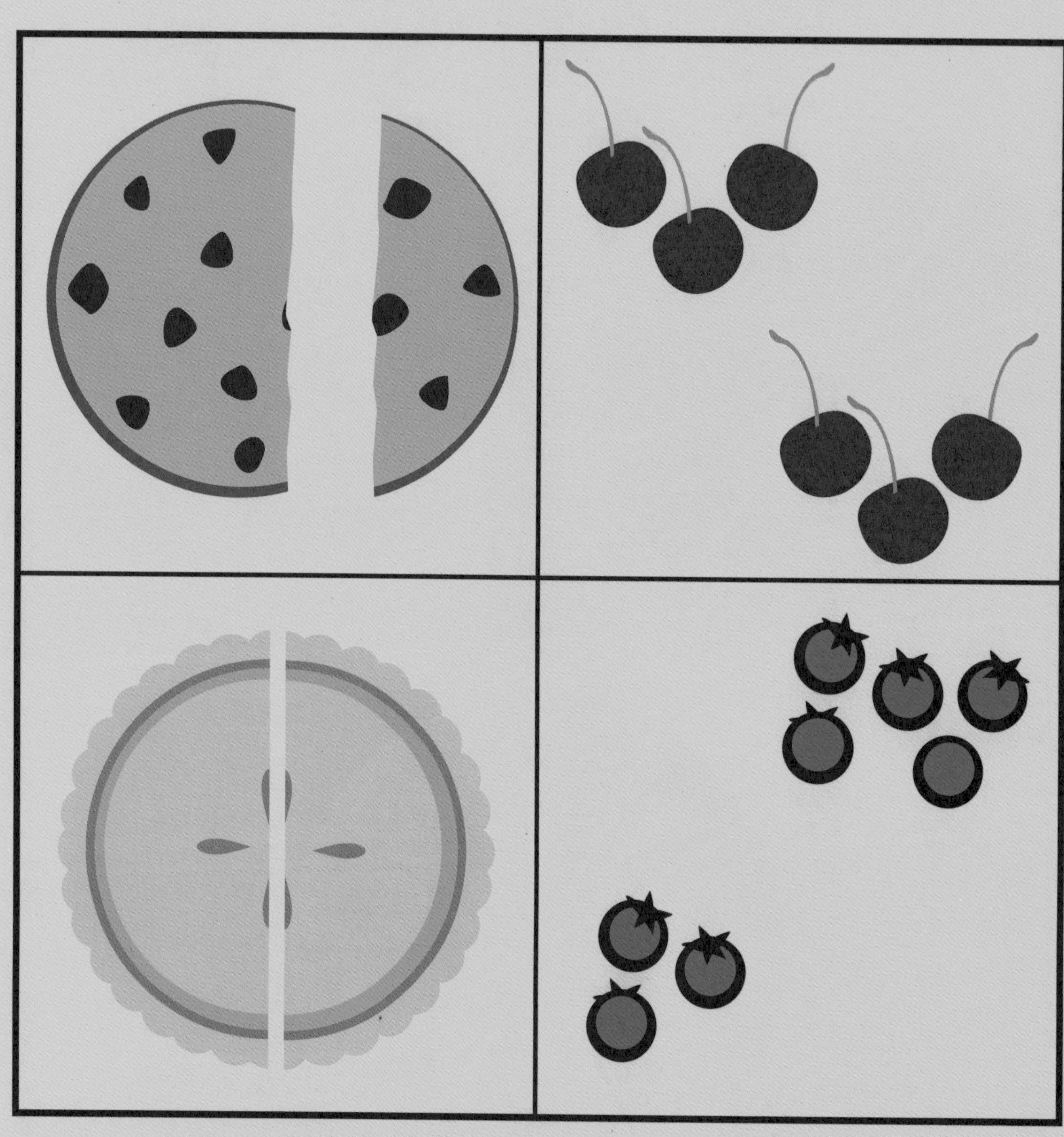

남은 피자 찾기

시영이는 친구들과 피자 파티를 하고 있어요.
친구들이 벌써 피자의 반을 먹어 버렸어요.
남아 있는 피자를 찾아 ◯ 하세요.

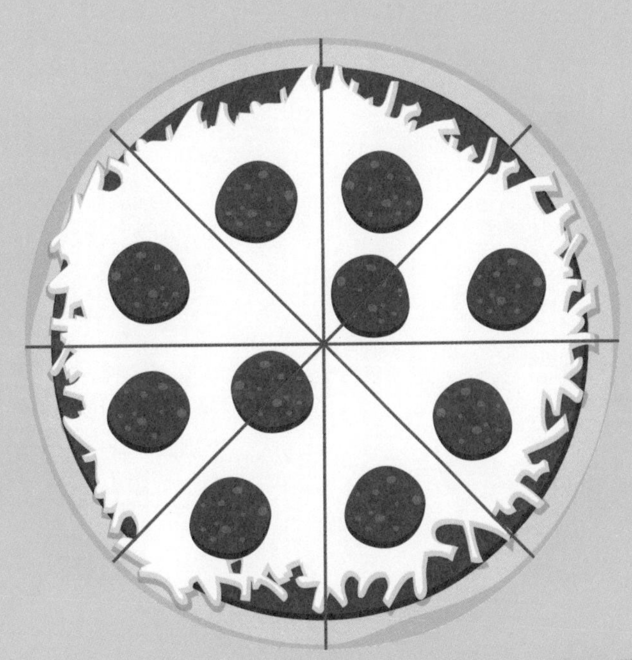

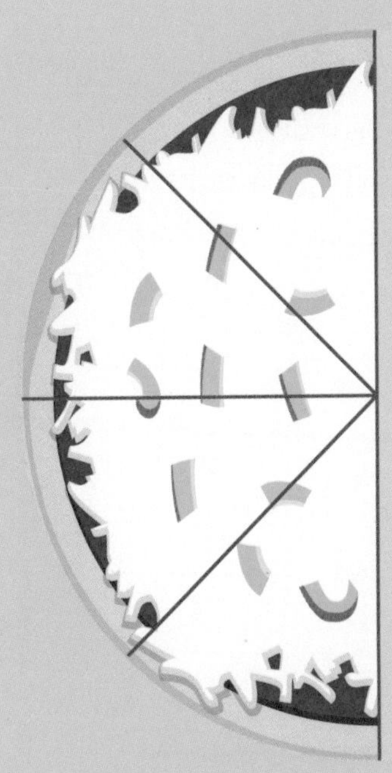

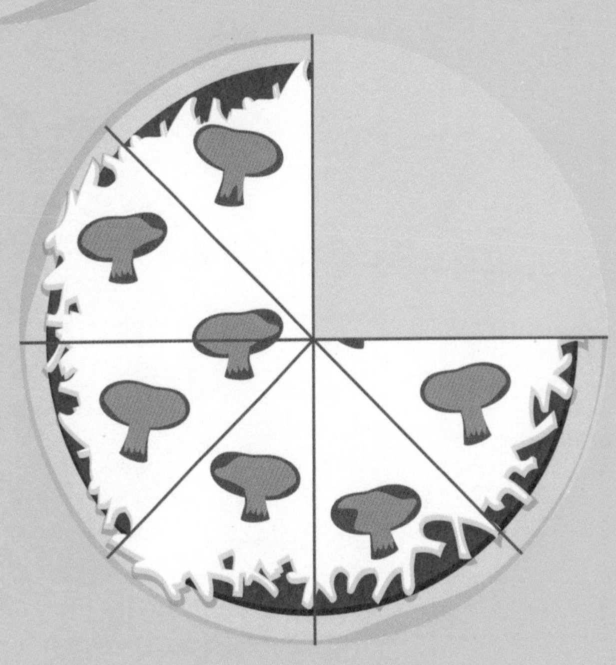

케이크 조각 세기

승준이는 생일 파티에 친구를 8명 초대했어요.
친구들에게 케이크를 1조각씩 나누어 주려고 해요.
승준이의 생일 파티에 필요한 케이크를 찾아 ◯ 하세요.

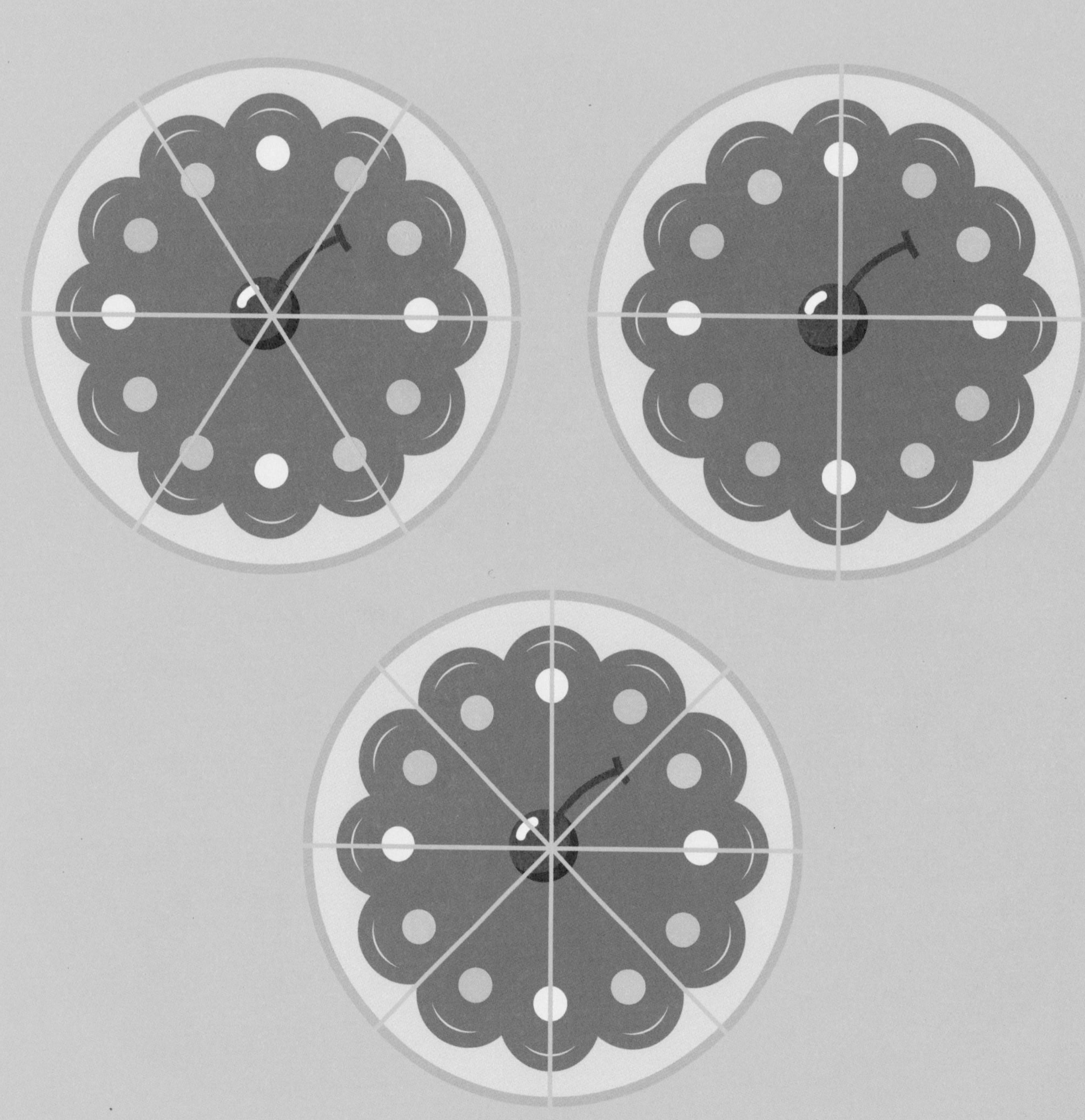

블루베리 더하기

각각의 머핀에는 블루베리가 5개씩 필요해요.
각 머핀에 부족한 블루베리의 개수를 찾아 선으로 이어 보세요.

파이의 반쪽 찾기

파이의 반을 잘라 내면 어떤 모양이 나오는지
아래에서 찾아 ◯ 하세요.

3개를 찾아요

세쌍둥이는 숫자 3을 좋아해요.
무엇이든 3개로 이루어진 것을 좋아해요.

아래에서 세쌍둥이가 좋아하는 것을 모두 찾아 ◯ 하세요.

수 모으기

개구리 2마리가 있는 연못에 개구리 1마리가 놀러 왔어요.
개구리는 총 몇 마리인지 빈칸에 써 보세요.

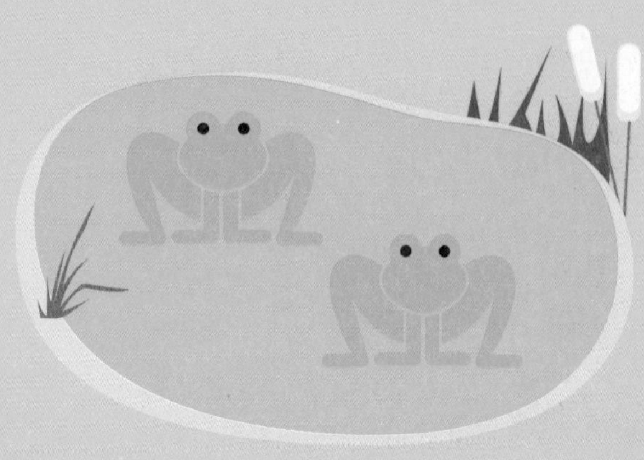

개구리와 같은 수의 동물을 찾아 ○ 하세요.

수 가르기

꿀벌 4마리가 모여 있는데 2마리가 날아가 버렸어요.
남은 꿀벌은 총 몇 마리인지 빈칸에 써 보세요.

남은 꿀벌과 같은 수의 동물을 찾아 ◯ 하세요.

얼마일까요?

여러 개의 동전 중에서 가장 많은 액수의 동전에는 ◯, 가장 적은 액수의 동전에는 ✕ 하세요.

저금통 속 동전 세기

하늘이는 돼지 저금통에 동전을 모아요.
동전의 개수가 가장 많은 돼지 저금통을 찾아 ◯ 하세요.

요금을 비교해요

진태가 집으로 가는 버스를 타려고 해요.
요금이 싼 순서대로 1부터 4까지 빈칸에 숫자를 써 보세요.

700원 ☐

200원 ☐

500원 ☐

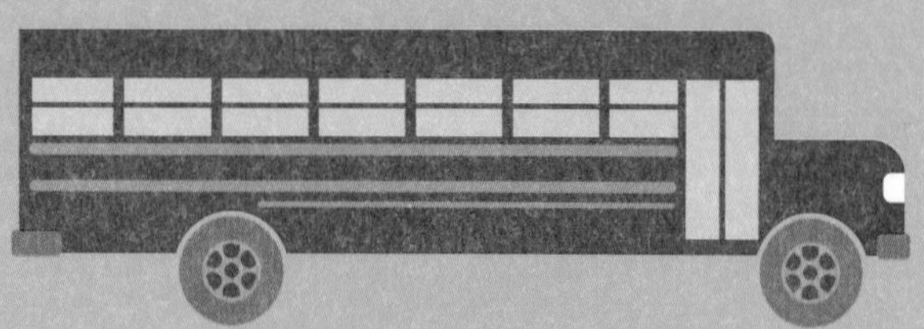

900원 ☐

동물

물고기를 찾아요

물고기는 비늘과 지느러미가 있고 아가미로 숨을 쉬어요.
아래 동물 중에서 물고기를 모두 찾아 ◯ 하세요.

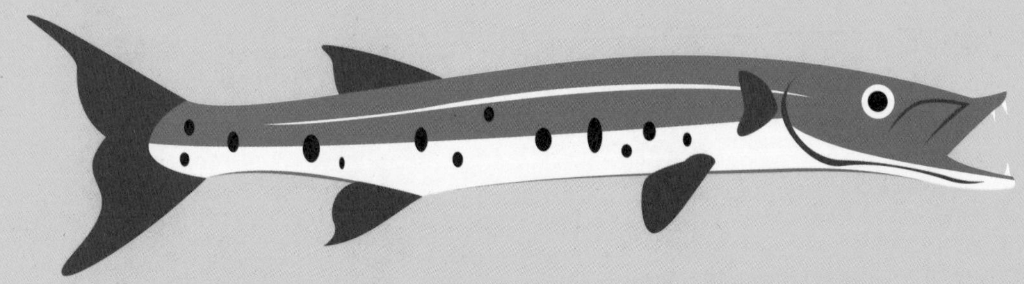

새를 찾아요

보윤이는 다양한 새 사진을 모아 앨범을 만들어요.
보윤이의 앨범에 들어갈 사진을 모두 찾아 ○ 하세요.

연못에 사는 동물

연못에는 헤엄을 잘 치는 동물들이 살아요.
아래 동물 중에서 연못과 어울리지 않는 동물을 모두 찾아 ◯ 하세요.

동물이 아닌 것

아래 그림 중에서 동물이 아닌 것을 찾아 ◯ 하세요.

육지 동물과 바다 동물

육지에 사는 동물과 바다에 사는 동물이 섞여 있어요.
아래 동물 중에서 육지에 사는 동물을 모두 찾아 ◯ 하세요.

물고기일까요 새일까요?

물고기는 지느러미가 있고, 새는 깃털이 있어요.
아래 동물 중에서 물고기를 모두 찾아 ◯ 하세요.

빠진 동물 찾기

세라는 바닷가에서 본 동물 5마리를 그리고 있어요.

아직 세라가 그리지 않은 동물을 찾아 ◯ 하세요.

따개비

불가사리

성게

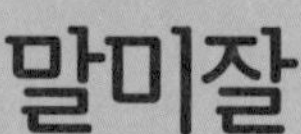

집게

사는 곳이 다른 동물

각 줄에 있는 동물 중에는 다른 곳에 사는 동물이 한 마리씩 있어요.
다른 곳에 사는 동물을 찾아 ◯ 하세요.

털이 있는 동물

털이 있는 동물은 만지면 보드라운 느낌이에요.
다음 중 털이 있는 동물을 모두 찾아 ◯ 하세요.

꽃게

물고기

다람쥐

고래

고양이

곤충을 찾아요

상진이는 여러 종류의 곤충을 모으고 있어요.
상진이가 모은 곤충을 모두 찾아 ◯ 하세요.

힌트 : 곤충은 다리가 모두 6개예요.

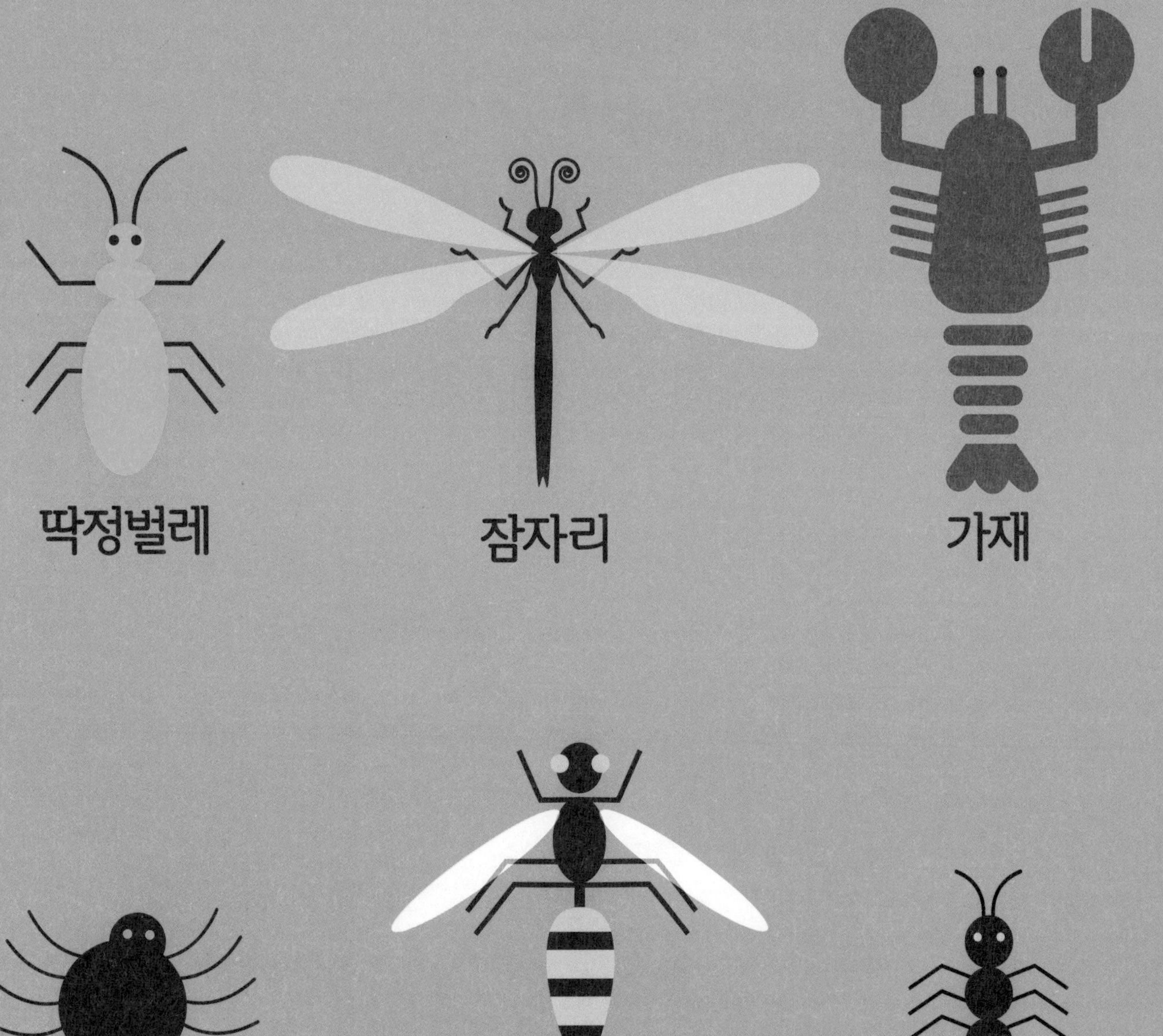

풀을 먹는 동물

풀을 먹는 동물은 이빨이 둥글고 평평해요.
아래에서 풀을 먹는 동물을 찾아 ◯ 하세요.

악어

상어

말

고기를 먹는 동물

고기를 먹는 동물은 이빨이 뾰족뾰족 날카로워요.
아래에서 고기를 먹는 동물을 찾아 ◯ 하세요.

나는 누구일까요? 1

다음 수수께끼를 풀고 알맞은 그림에 ◯ 하세요.

나는 빨간색이에요.
나는 물속에 살아요.
나는 꼬리와 집게발이 있어요.

나는 누구일까요?

해파리

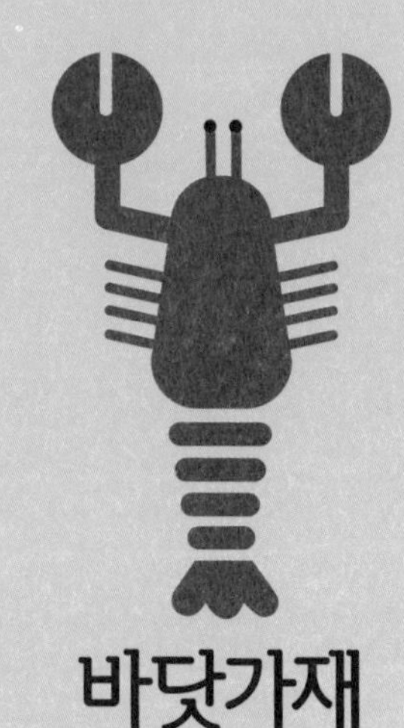

바닷가재

홍학

나는 누구일까요? 2

다음 수수께끼를 풀고 알맞은 그림에 ◯ 하세요.

나는 새예요.
나는 몸집이 큰 편이에요.
나는 하늘을 날 수가 없어요.

나는 누구일까요?

상어

박쥐

독수리

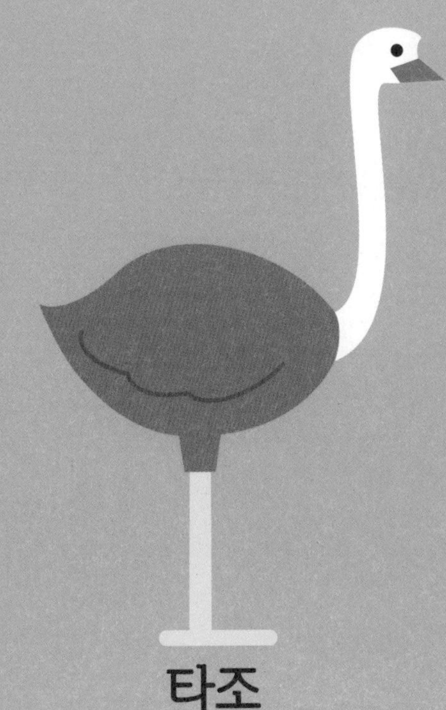

타조

나는 누구일까요? 3

다음 수수께끼를 풀고 알맞은 그림에 ◯ 하세요.

나는 날개가 있어요.
나는 부리가 없어요.
나는 낮에 자고 주로 밤에 활동해요.

나는 누구일까요?

바다 생물 세기

수족관에 다양한 바다 생물이 있어요.
각각 몇 마리인지 세어 보고 빈칸에 알맞은 숫자를 써 보세요.

해마

불가사리

오징어

사막에 살아요

무더운 사막에도 다양한 동물과 식물이 살아요.
사막에 사는 동물과 식물을 모두 찾아 ◯ 하세요.

코뿔소

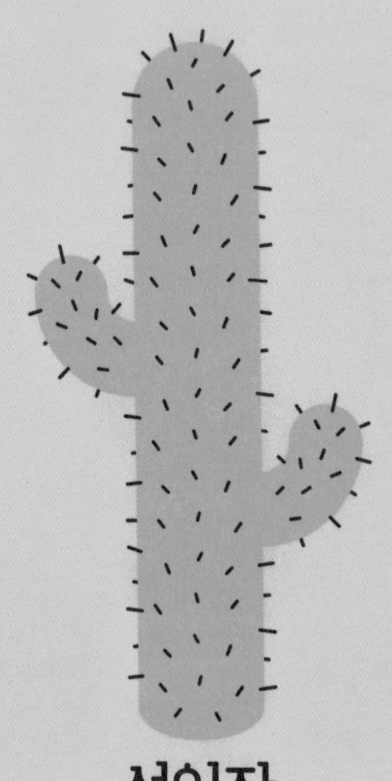
선인장

비버

물개

낙타

추운 곳에 살아요

남극이나 북극은 아주 추운 곳이에요.
다음 중 추운 곳에 사는 동물을 모두 찾아 ◯ 하세요.

날개와 부리가 있는 동물

세원이는 날개와 부리가 있는 동물을 키우고 있어요.
다음 중 세원이가 키우는 동물을 모두 찾아 ◯ 하세요.

고양이

파랑새

잉꼬

햄스터

강아지

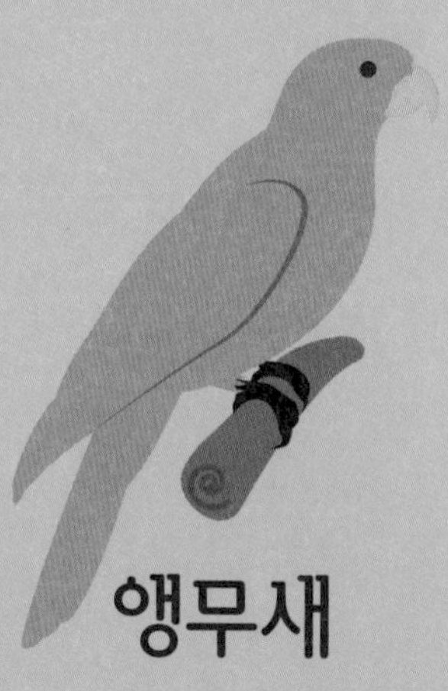
앵무새

과학

반달을 찾아요

달은 커졌다 작아졌다를 반복해요.
여러 모양의 달 중에서 반달을 찾아 ✓ 하세요.

우주의 모습

지민이는 우주의 풍경을 사진으로 찍었어요.
아래에서 사진에 알맞은 이름을 찾아 빈칸에 써 보세요.

지구 달 별 태양

태양계의 행성

태양계에는 수많은 행성이 있어요.
태양에서 세 번째로 멀리 떨어져 있는 행성에 ◯ 하세요.

태양

신비한 우주 탐험

우리가 사는 지구 밖 우주에는 무엇이 있을까요?
우주에서 볼 수 있는 것을 모두 찾아 ◯ 하세요.

우주 비행사

상어

별

연

행성

기차

어느 식물일까요?

아주 먼 옛날에 떨어진 나뭇잎이 땅속에 묻힌 뒤 단단한 돌 속에 남아 오늘날까지 전해지는 것을 화석이라고 해요.

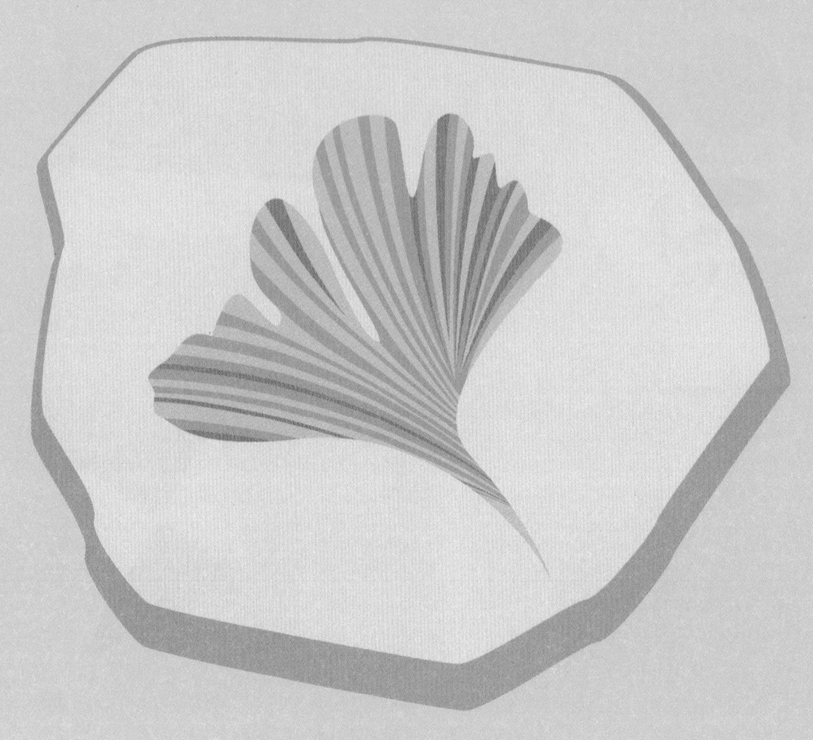

위의 화석 나뭇잎을 찾아 ◯ 하세요.

비슷한 식물 찾기

왼쪽 그림은 오래된 식물의 화석이에요.
지금도 지구에는 비슷한 식물이 자라고 있어요.
각 화석과 모양이 비슷한 식물을 찾아 선으로 이어 보세요.

공룡 발자국 찾기

아주 먼 옛날 공룡들이 남긴 발자국은 오늘날에도
단단한 바위에서 찾아볼 수 있어요.
다음 티라노사우루스의 발자국을 찾아 빈칸에 ◯ 하세요.

티라노사우루스

화석 주인 찾기

아주 먼 옛날 죽은 고대 동물은 화석을 통해
예전의 모습을 짐작할 수 있어요.

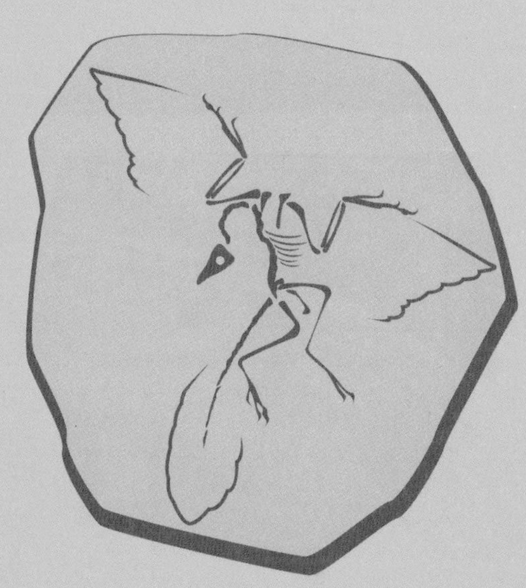

위의 화석 동물을 찾아 ◯ 하세요.

시조새

스피노사우루스

알로사우루스

육식 공룡 찾기

육식 공룡은 다른 동물을 잡아먹기 위해 이빨이 날카로워요.
다음 중 육식 공룡인 '카르노타우루스'를 찾아 ◯ 하세요.

씨앗에서 꽃으로

씨앗은 쑥쑥 자라서 예쁜 꽃을 피워요.
자라는 순서에 맞게 1부터 4까지 빈칸에 숫자를 써 보세요.

나이테로 나이 세기

나무에는 1년에 하나씩 새로운 나이테가 생겨요.
어떤 나무가 가장 오래 살았는지 찾아 ◯ 하세요.

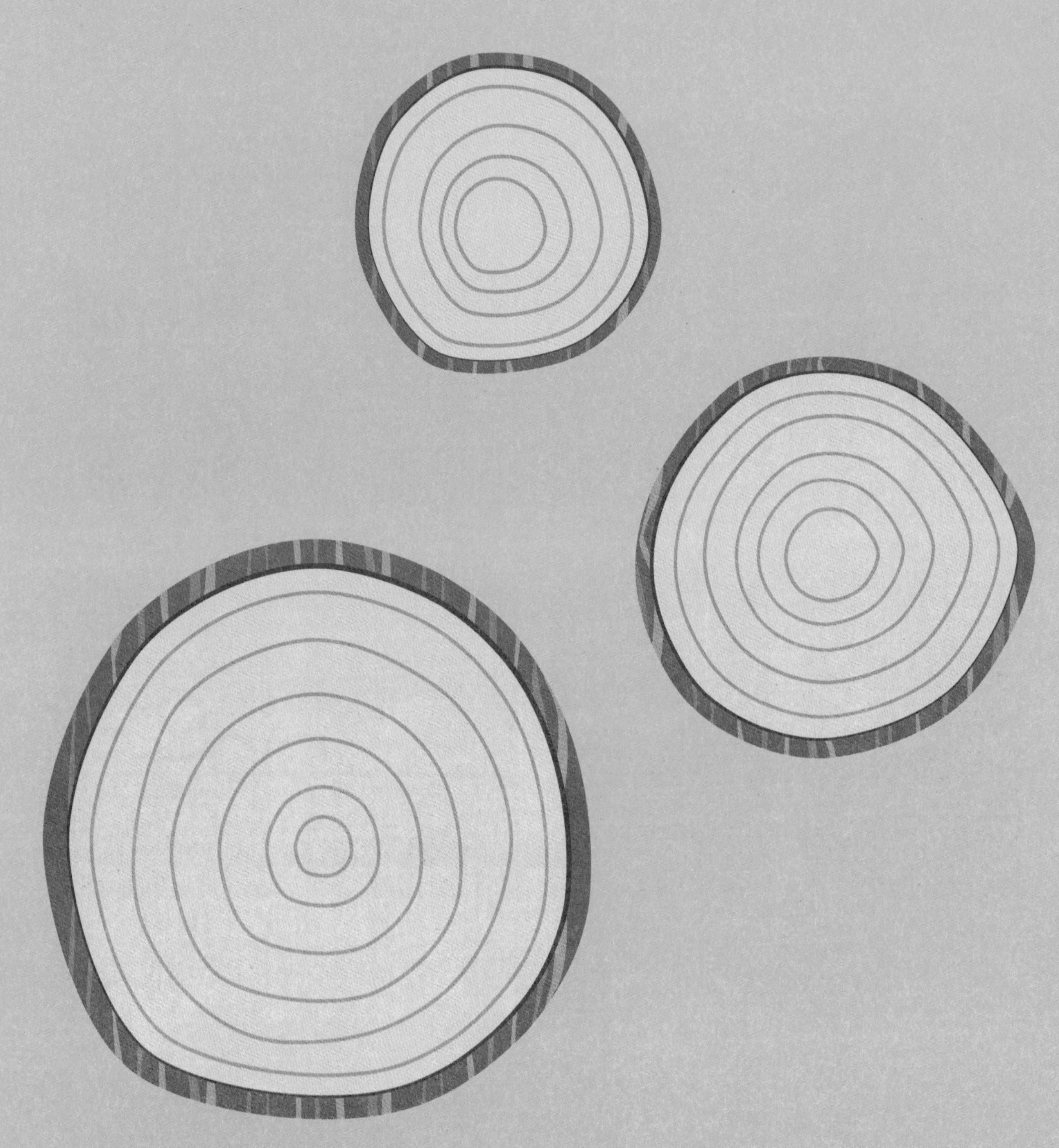

식물에 필요한 것

식물이 잘 자라기 위해 필요한 것을 모두 찾아 ◯ 하세요.

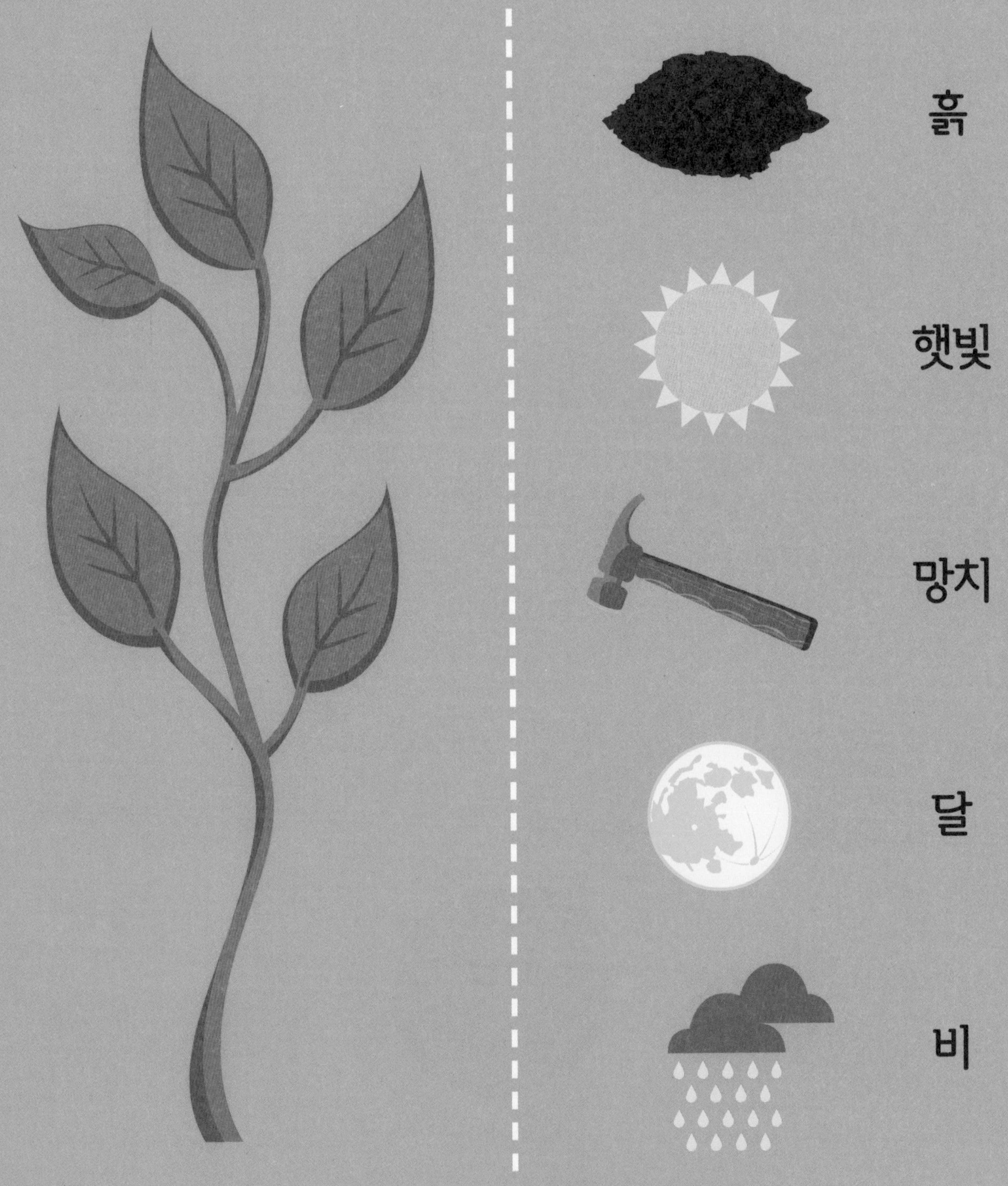

달콤한 음식 찾기

우리는 혀를 통해 여러 가지 맛을 느낄 수 있어요.
달콤한 맛이 나는 음식을 모두 찾아 ◯ 하세요.

당근 사탕 레몬

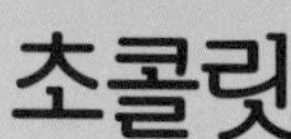

초콜릿 양배추 우유

몸에 좋은 간식

과일이나 채소는 우리 몸에 좋은 건강한 간식이에요.
몸에 좋은 간식을 모두 찾아 ◯ 하세요.

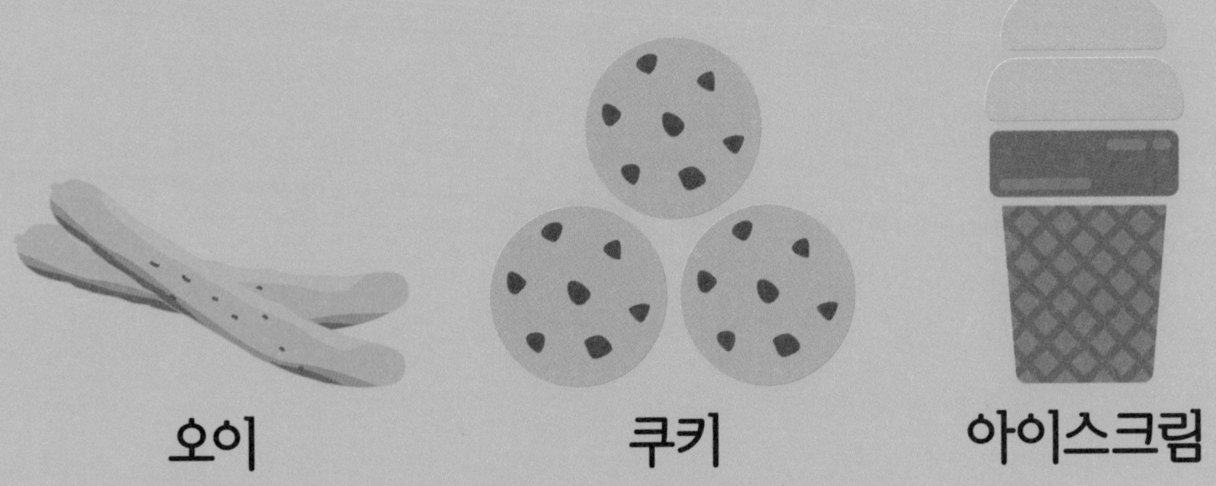

우리 몸 이름

몸의 각 부위에 알맞은 이름을 찾아 선으로 이어 보세요.

발 •　　　　• 배

목 •　　　　• 어깨

무릎 •　　　　• 손

몸 수수께끼

다음 수수께끼를 풀고 알맞은 그림에 ◯ 하세요.

나는 구멍이 있어요.
나는 얼굴에 있어요
나는 향기를 맡을 수 있어요.

나는 무엇일까요?

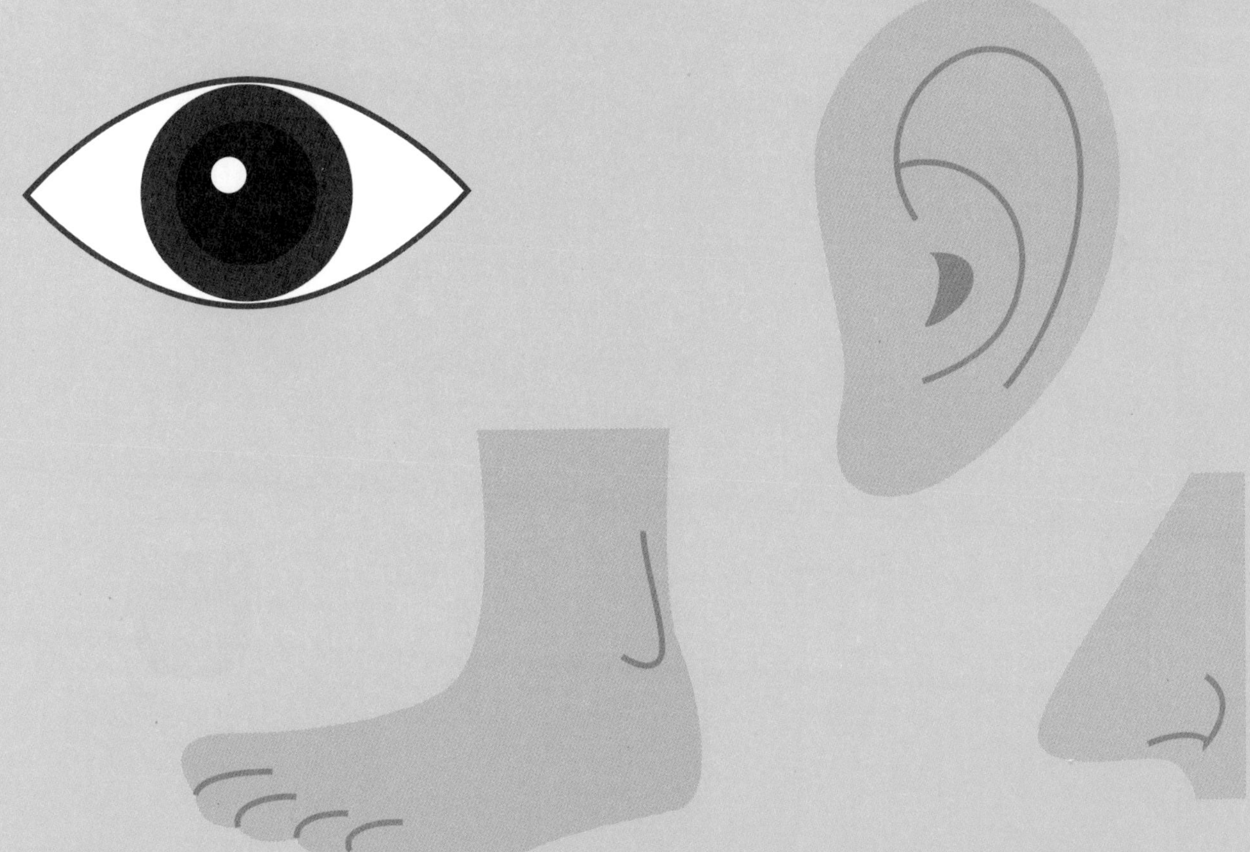

다섯 가지 감각

우리는 보고, 냄새 맡고, 맛보고, 만지고, 들을 수 있어요.
몸의 각 부위에 알맞은 감각을 찾아 선으로 이어 보세요.

보다

냄새 맡다

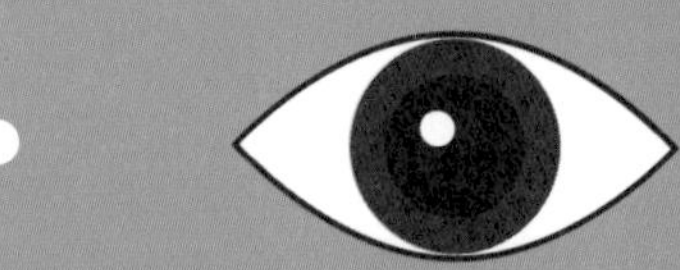

맛보다

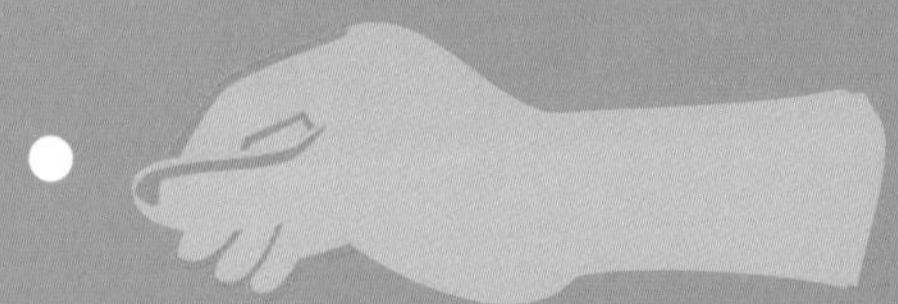

만지다

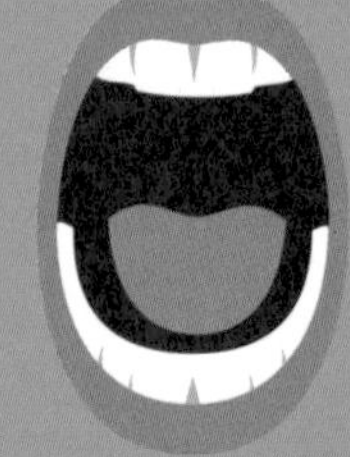

듣다

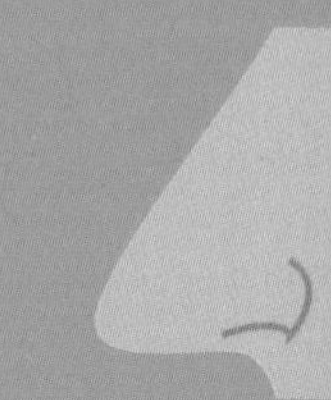

색 모양

색깔 이름 익히기

팔레트 위에 알록달록 여섯 가지 색깔 물감이 있어요.
색깔에 알맞은 이름을 찾아 선으로 이어 보세요.

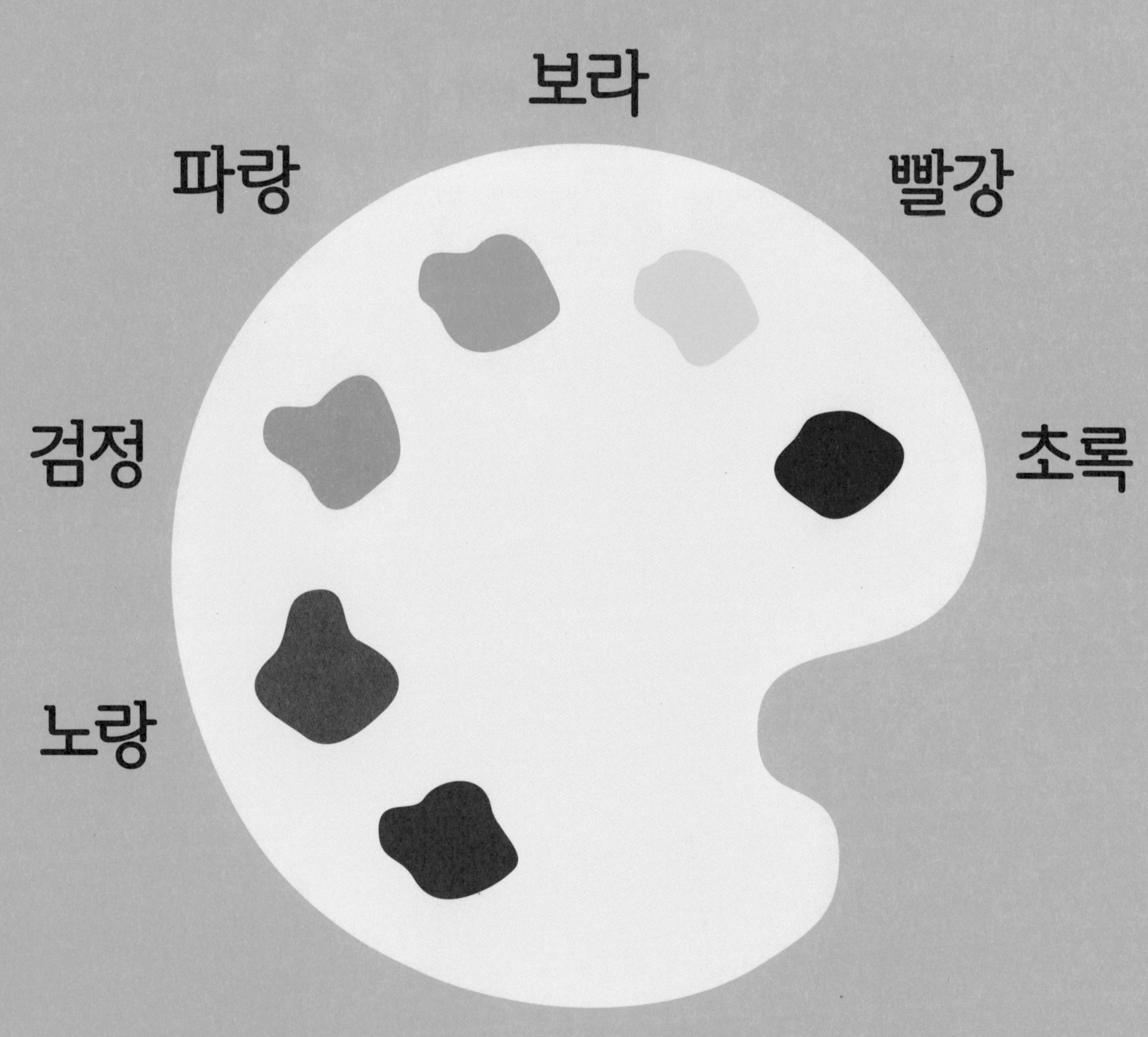

무지개 색깔 맞히기

친구들이 알록달록 예쁜 색깔의 옷을 입고 있어요.
무지개 색깔 티셔츠를 입지 않은 친구를 찾아 ◯ 하세요.

같은 색깔 찾기

아래에서 색깔이 똑같은 자동차 2대를 찾아 ◯ 하세요.

가장 많은 색깔 찾기

각 색깔별로 자동차의 수를 세어 보고
가장 많은 자동차 색깔에 ○ 하세요.

똑같이 그려요

다음 지시에 맞게 그림을 그린
친구의 이름을 찾아 ◯ 하세요.

**빨간색 네모를 그리세요.
네모 안에 초록색 동그라미를 그리세요.**

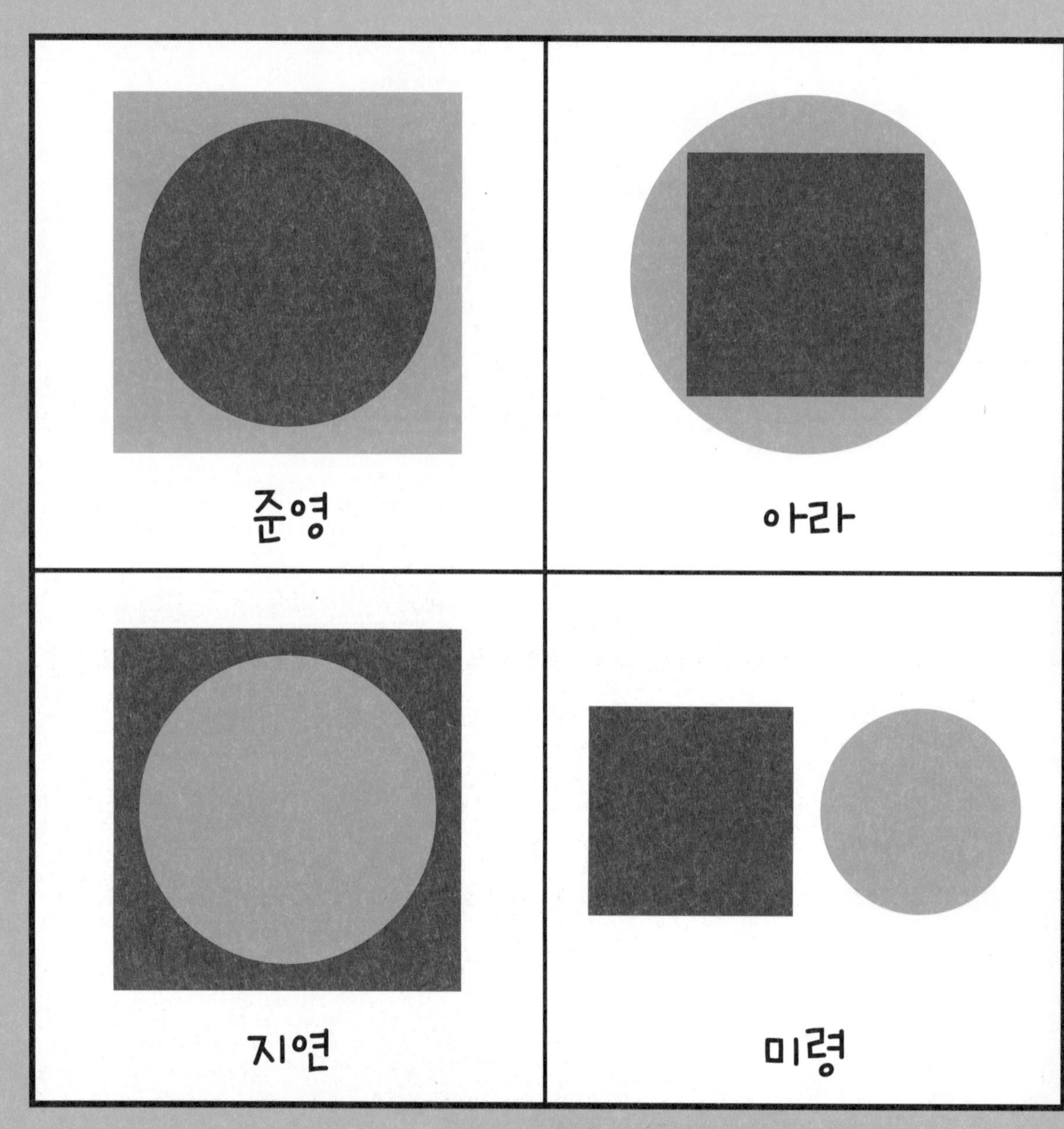

자동차 색깔 찾기

각 자동차 색깔에 알맞은 이름을 찾아 선으로 이어 보세요.

초록

파랑

노랑

빨강

옷 색깔 맞히기 1

학교에서 달리기 시합이 벌어졌어요.

가장 앞에 달리는 선수가 입은 옷 색깔에 ✓ 하세요.

가장 뒤에 달리는 선수가 입은 옷 색깔에 ✓ 하세요.

옷 색깔 맞히기 2

농구 경기를 하기 위해 선수들이 모였어요.

가장 키가 큰 선수가 입은 티셔츠 색깔에 ✓ 하세요.

가장 키가 작은 선수가 입은 티셔츠 색깔에 ✓ 하세요.

동그라미를 찾아요

다음 중 동그라미를 모두 찾아 파란색으로 색칠해 보세요.

세모를 찾아요

다음 중 세모를 모두 찾아 노란색으로 색칠해 보세요.

네모를 찾아요

다음 중 네모를 모두 찾아 빨간색으로 색칠해 보세요.

모양 이름 맞히기

개미들이 옹기종기 모여서 각각 다른 모양을 만들었어요.
아래에서 각 모양에 알맞은 이름을 찾아 빈칸에 써 보세요.

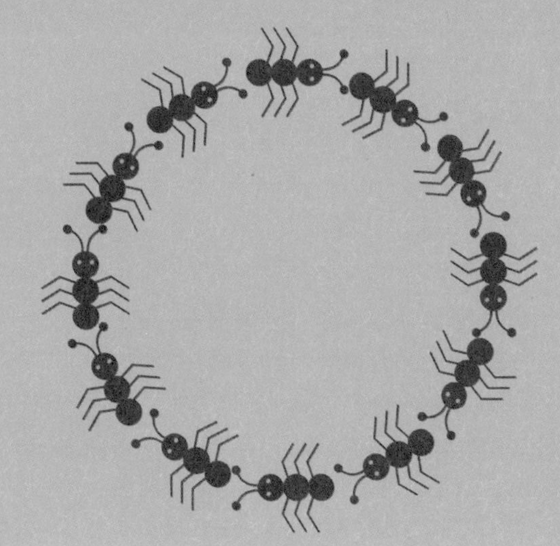

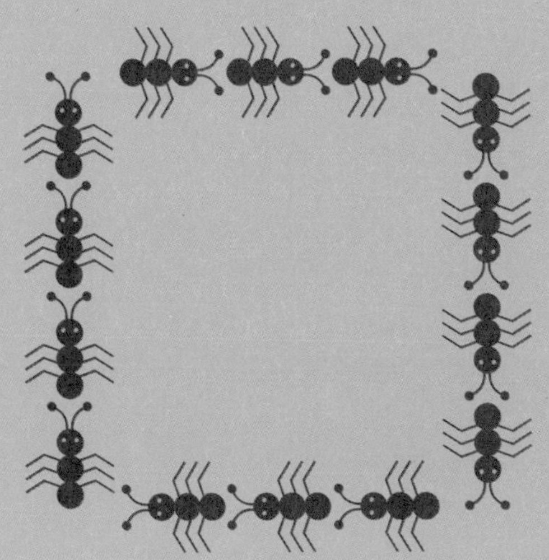

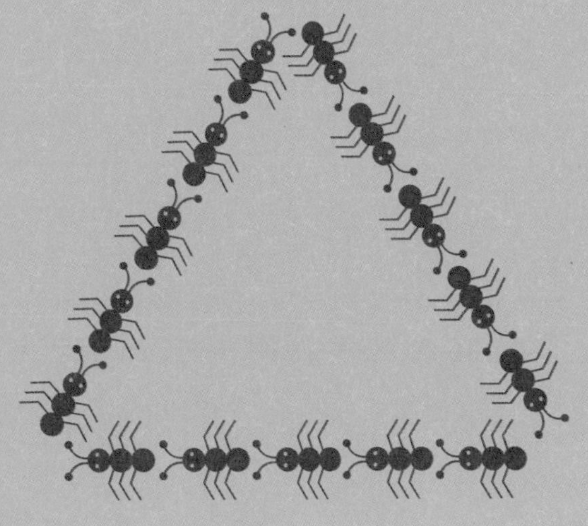

네모　　동그라미　　세모

비행기 속 모양 찾기

아래 비행기에는 다양한 모양이 숨어 있어요.
빈칸에 알맞은 숫자를 써 보세요.

동그라미는 모두 몇 개 있나요? 개

세모는 모두 몇 개 있나요? 개

네모는 모두 몇 개 있나요? 개

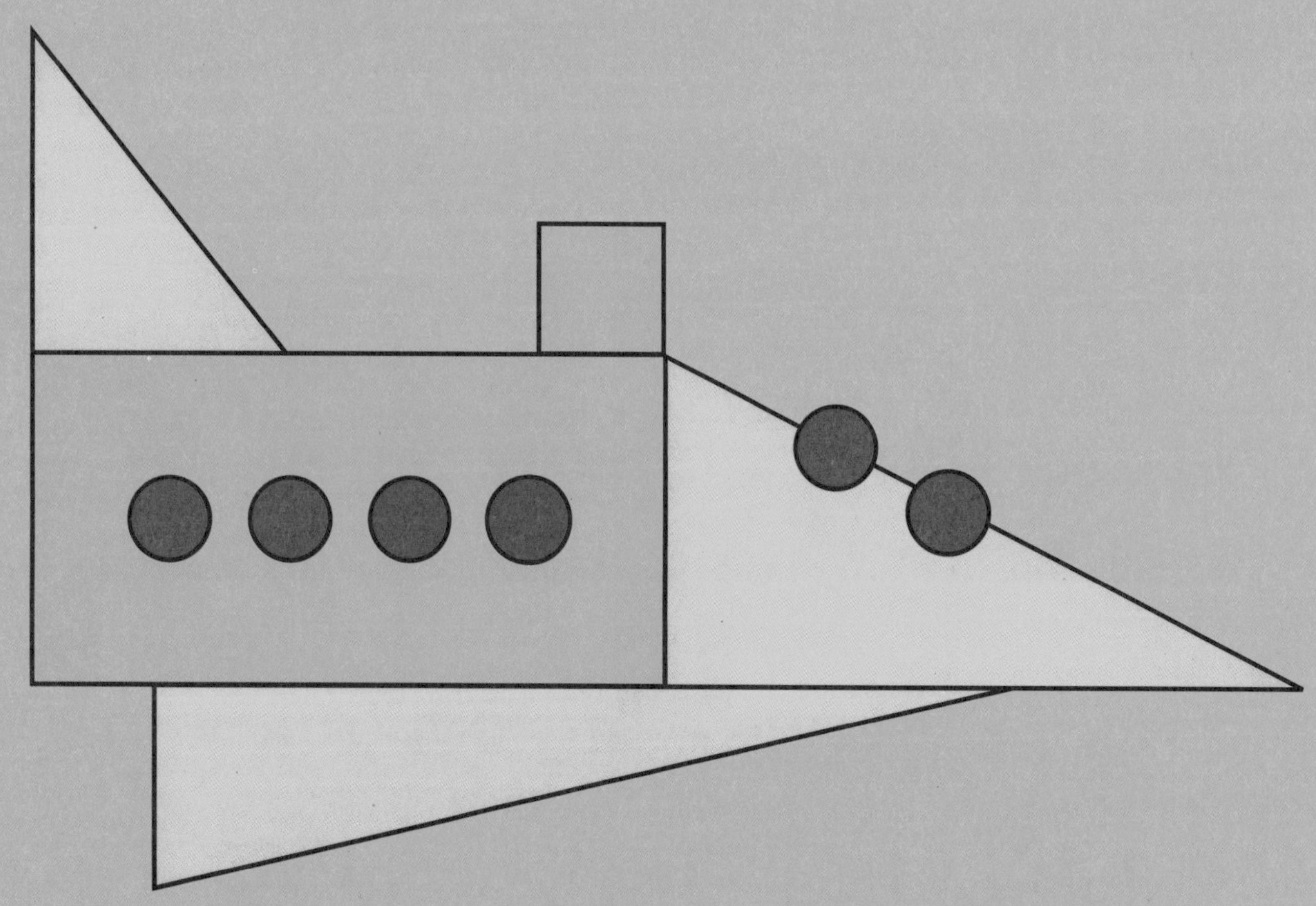

배 속 모양 찾기

아래 배에는 동그라미, 세모, 네모가 숨어 있어요.
각 모양을 찾아 동그라미에는 파란색, 세모에는 노란색,
네모에는 빨간색을 색칠해 보세요.

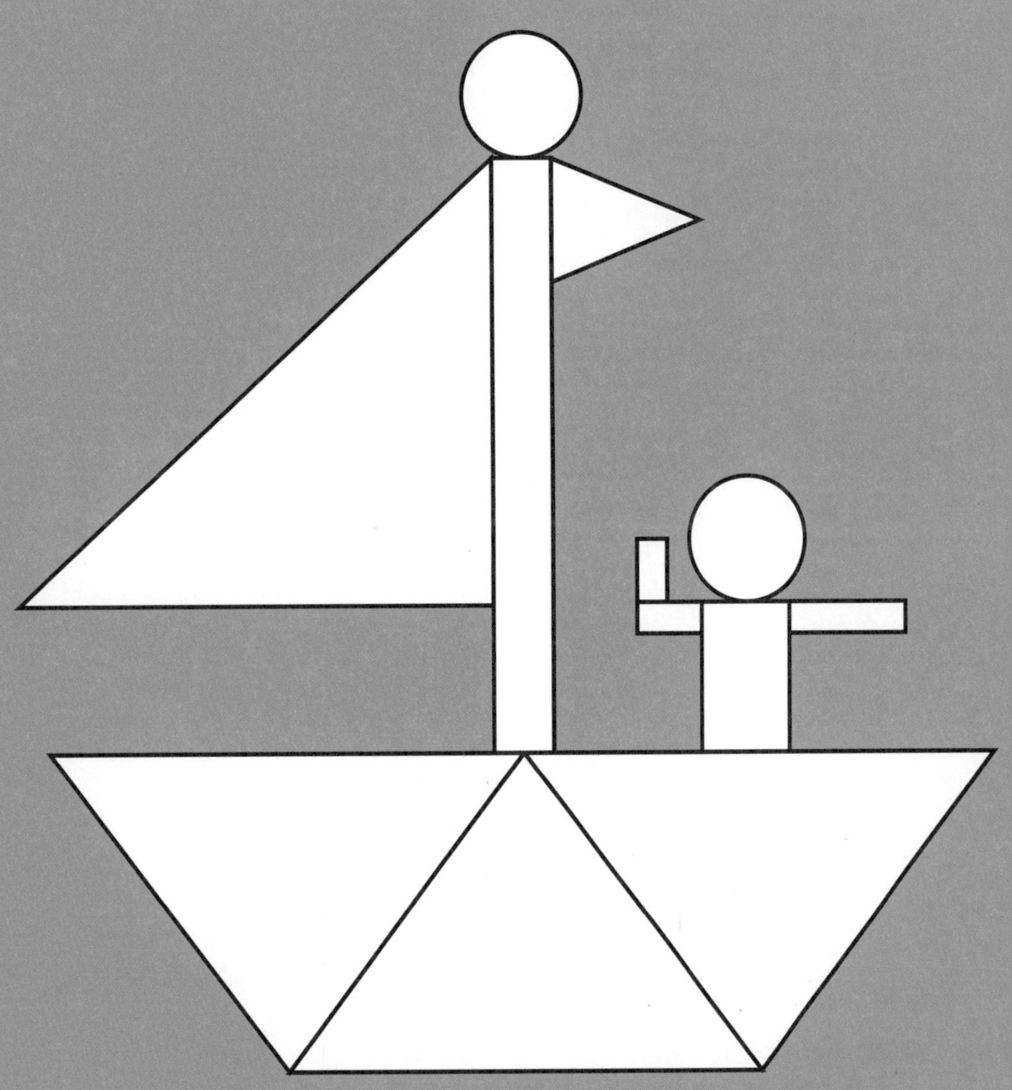

위의 배에 세모가 몇 개 있는지 세어 보고
알맞은 숫자에 ○ 하세요.

1 2 3 4 5

세모로 만들어요

세모로 만든 여러 가지 모양을 보고
비슷한 그림을 찾아 선으로 이어 보세요.

네모 속 곰 찾기

다양한 모양 안에 곰이 들어가 있어요.
다음 중 네모 안에 든 곰을 모두 찾아 ✓ 하세요.

숨은 모양 찾기

다음 그림들에는 모두 같은 모양이 숨어 있어요.

숨어 있는 모양을 아래에서 찾아 빨간색으로 색칠해 보세요.

비슷한 모양 찾기

여러 가지 모양의 물건이 있어요.
왼쪽 그림과 비슷한 모양의 물건을 찾아 ◯ 하세요.

누가 숨어 있을까요?

동물들이 꼭꼭 숨어 있어요.
다음 그림자를 보고 어떤 동물이 숨어 있는지 모두 찾아 ◯ 하세요.

그림자 찾기

여러 가지 물건의 그림자를 보고
알맞은 물건을 찾아 선으로 이어 보세요.

모양 규칙 찾기

여러 가지 모양이 규칙에 맞게 늘어서 있어요.

?

다음에 올 모양은 어떤 것인지 찾아 빨간색으로 색칠해 보세요.

탈것

탈것 이름 찾기

각 탈것에 알맞은 이름을 찾아 선으로 이어 보세요.

- 버스
- 비행기
- 자동차
- 잠수함

탈것 분류하기

각 줄마다 종류가 다른 탈것이 하나씩 있어요.
아래에서 어울리지 않는 탈것을 찾아 ◯ 하세요.

탈것 이름 맞히기

아래 탈것 이름의 첫 글자를 찾아 ◯ 하세요.

자 저 조

기 가 거

보 비 부

트 투 티

장소에 어울리는 탈것

각 장소와 가장 잘 어울리는 탈것은 무엇일까요?
알맞은 것을 찾아 선으로 이어 보세요.

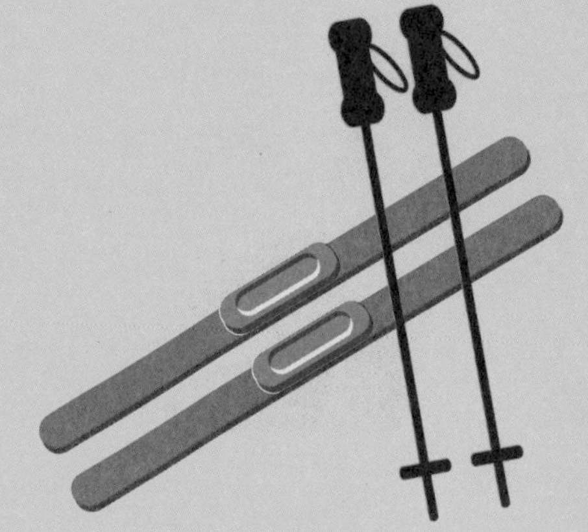

바퀴로 움직여요

아래에서 바퀴가 있는 탈것을 모두 찾아 ◯ 하세요.

중장비차 찾기

높은 건물을 짓기 위해서는 중장비차가 필요해요.
아래 미로에서 중장비차를 찾아 선으로 이어 보세요.

하늘을 나는 탈것

파일럿 진용이는 미로를 통과해야 공항에 도착할 수 있어요.
아래 미로에서 하늘을 나는 탈것을 찾아 선으로 이어 보세요.

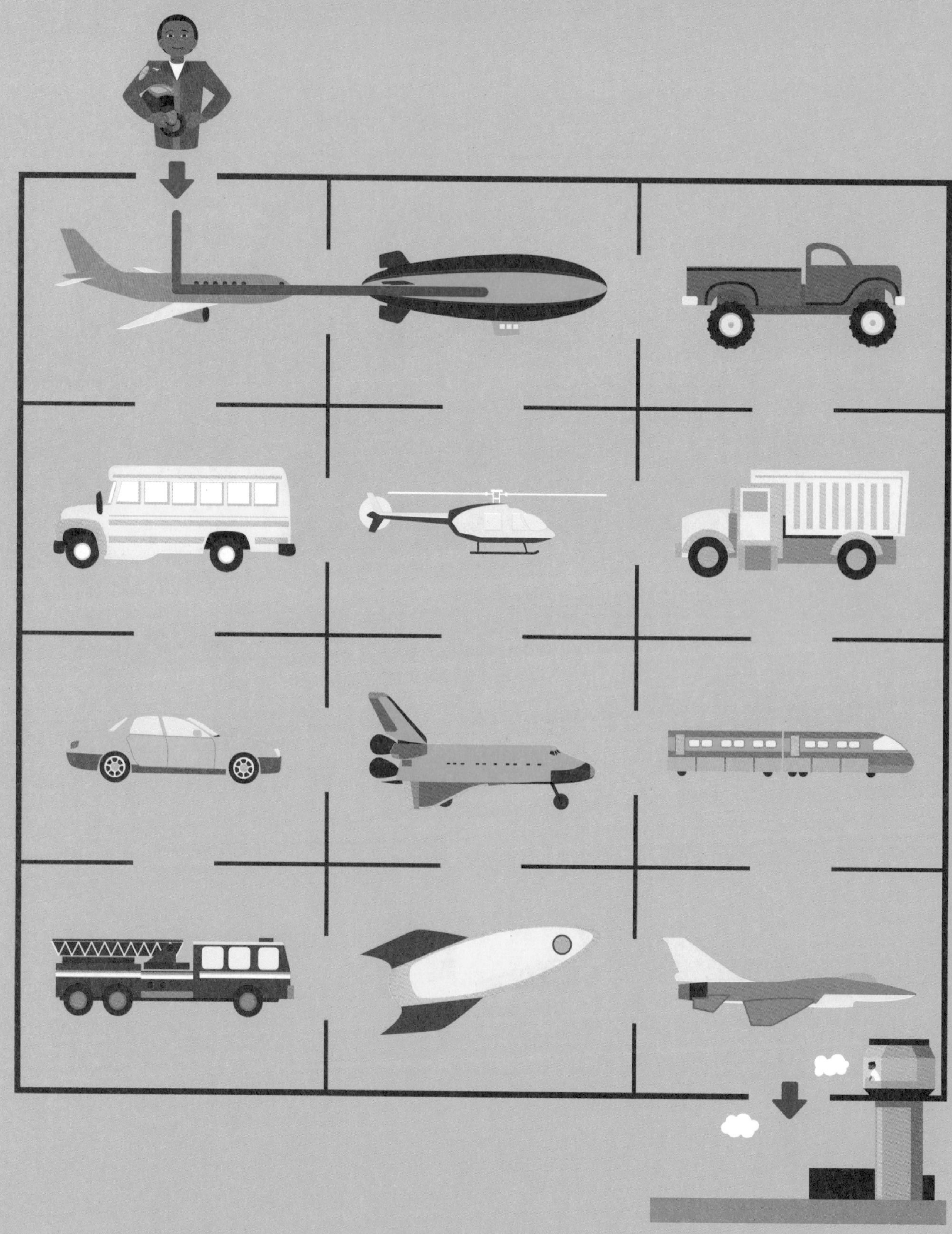

가장 빠른 탈것

탈것은 우리가 빠르게 이동할 수 있게 도와줘요.
아래 탈것 중에서 가장 빠른 것을 찾아 ◯ 하세요.

물 위를 달려요

아래 탈것 중에서 물 위에서 움직이는 것을
모두 찾아 ◯ 하세요.

기찻길을 연결해요

군데군데 기찻길이 끊겨 기차가 달릴 수 없어요.
끊긴 곳에 알맞은 기찻길을 찾아 선으로 이어 보세요.

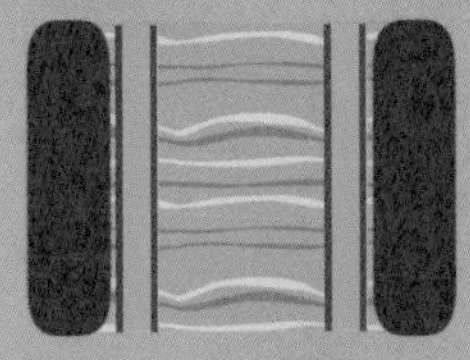

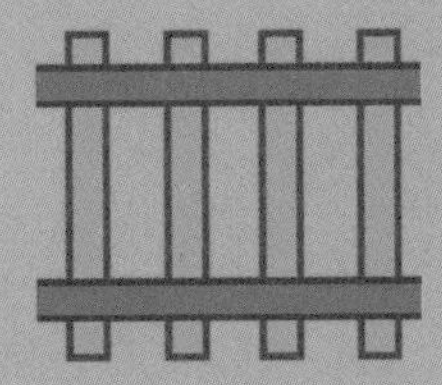

주차장 규칙 찾기

주차장에 자동차들이 일정한 규칙을 이루며 서 있어요.
규칙에 따라 빈칸에 들어갈 자동차를 찾아 ◯ 하세요.

사회

누구의 물건일까요?

누구에게 필요한 물건일까요?
각 물건에 알맞은 주인을 찾아 선으로 이어 보세요.

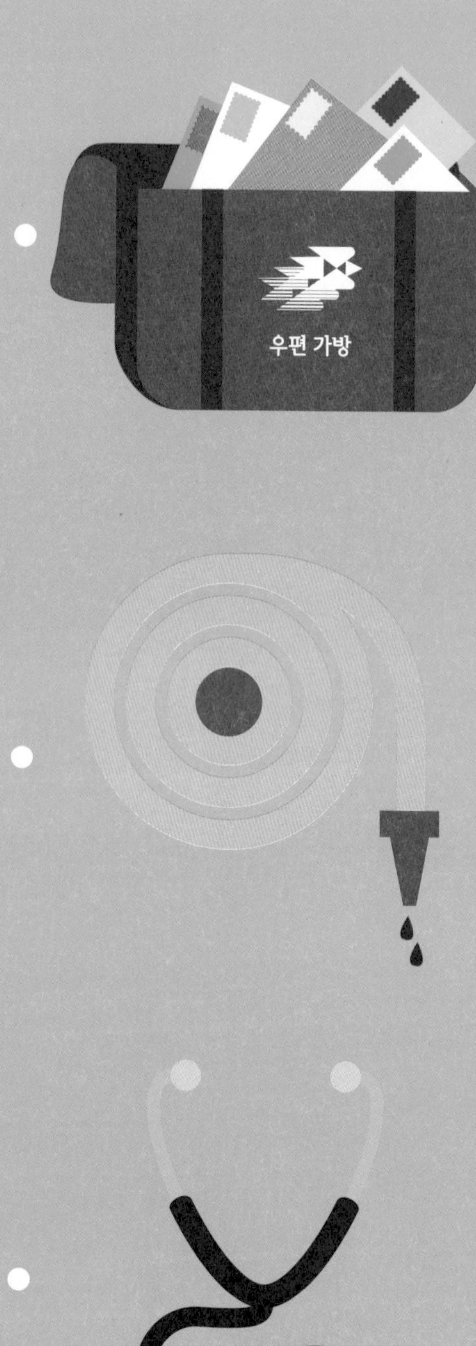

장소에 어울리는 물건

어디에 어울리는 물건일까요?
각 장소에 어울리는 물건을 찾아 선으로 이어 보세요.

은행

도서관

슈퍼마켓

소방관 아저씨의 물건

주희네 옆집에 불이 나자 119 소방관 아저씨가 출동했어요.
소방관 아저씨가 사용하는 물건을 모두 찾아 ◯ 하세요.

의사 선생님의 물건

지훈이는 배가 아파 병원에 갔어요.
병원에서 의사 선생님이 사용하는 물건을 모두 찾아 ◯ 하세요.

우편 가방

체온계

청진기

빗

안전 모자

오븐레인지

태극기 찾기

태극기는 흰색 바탕에 빨간색과 파란색의 동그란 태극무늬가 있고,
네 귀퉁이에는 검은색 막대가 있어요.

아래에서 올바른 태극기를 찾아 ◯ 하세요.

큰 섬과 작은 섬

일본은 여러 개의 크고 작은 섬으로 이루어져 있어요.
다음 중 가장 큰 섬을 찾아 ◯ 하세요.

아프리카 국기 찾기

아프리카 나라의 국기는 주로 빨간색, 노란색, 초록색이에요.
아프리카 나라의 국기가 아닌 것을 찾아 ◯ 하세요.

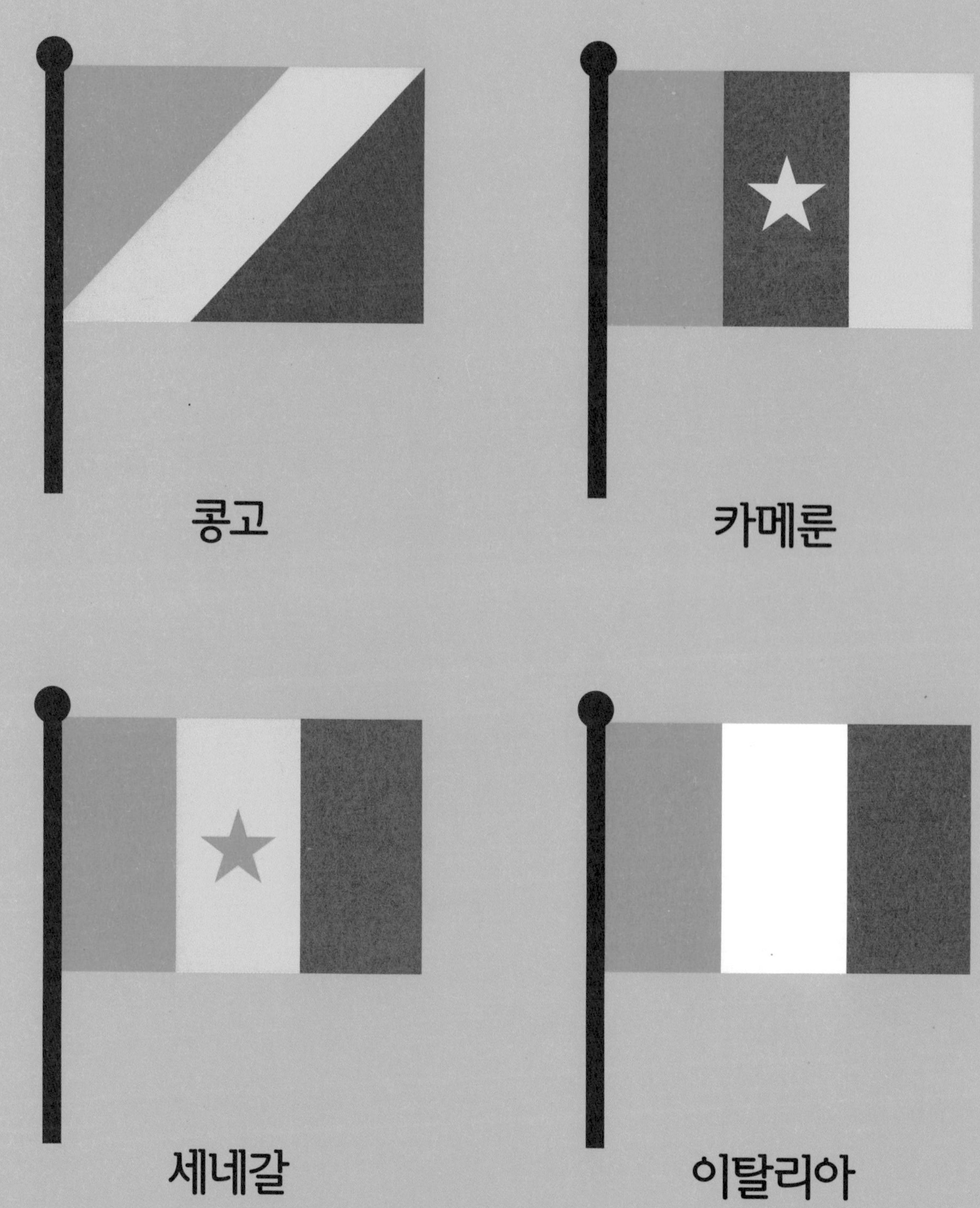

미국 국기 찾기

토머스는 미국에서 온 친구예요.
다음 수수께끼를 풀고 알맞은 그림에 ◯ 하세요.

빨간 줄무늬가 여러 개 있어요.
50개의 하얀 별도 있어요.

토머스 나라의 국기는 어떤 것일까요?

세계 음식 찾기

세계 여러 나라 사람들은 다양한 음식을 먹고 살아요.
각 나라에 어울리는 음식을 찾아 선으로 이어 보세요.

초밥 • • 대한민국

김치 • • 이탈리아

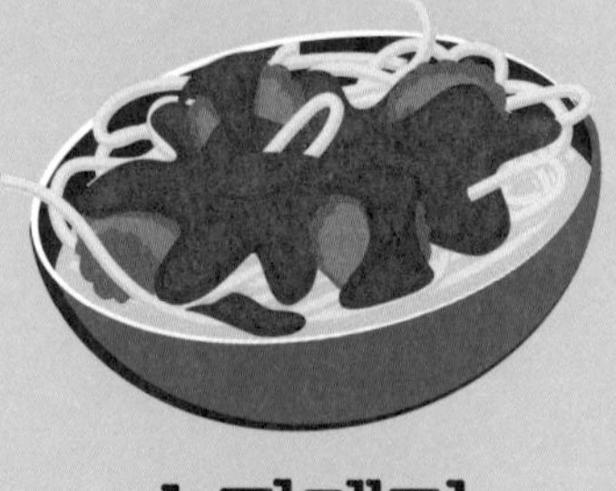
스파게티 • • 일본

카레 • • 인도

지구촌 친구들

지구촌에는 우리와 생김새도 다르고 생활 방식도 다른 친구들이 많이 살고 있어요.
다음 설명에 알맞은 친구를 찾아 선으로 이어 보세요.

피부는 흰색에 가까워요. 머리카락은 노란색이 많아요. 주로 유럽, 북아메리카에 살아요.

피부는 황색이에요. 머리카락은 검은색이에요. 주로 아시아에 살아요.

피부와 머리카락이 흑갈색이에요. 주로 아프리카에 살아요.

가장 큰 나라 찾기

연희는 남아메리카 지도에서 여러 나라를 살펴보고 있어요.
남아메리카에서 가장 큰 나라를 찾아 노란색으로 색칠해 보세요.

정답

창의

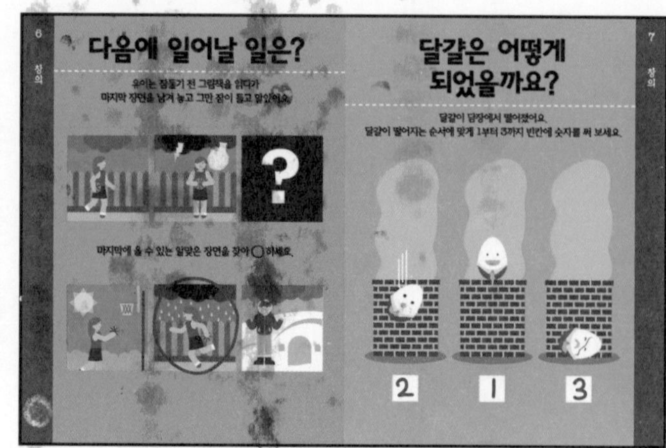
6
다음에 일어날 일은?
7
달걀은 어떻게
되었을까요?
2
1
3

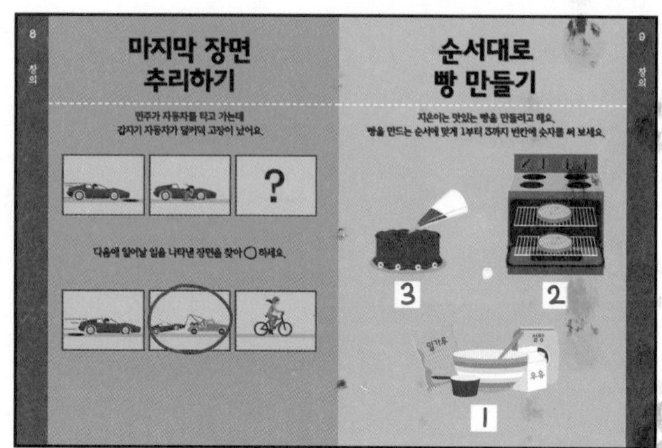
8
마지막 장면
추리하기
?
9
순서대로
빵 만들기
3
2
1

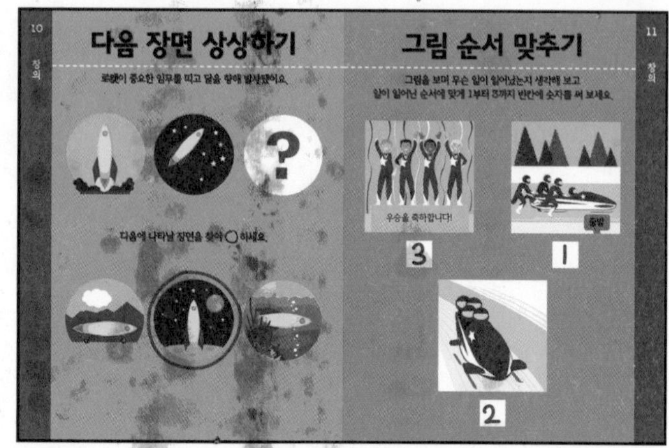
10
다음 장면 상상하기
11
그림 순서 맞추기
3
1
2

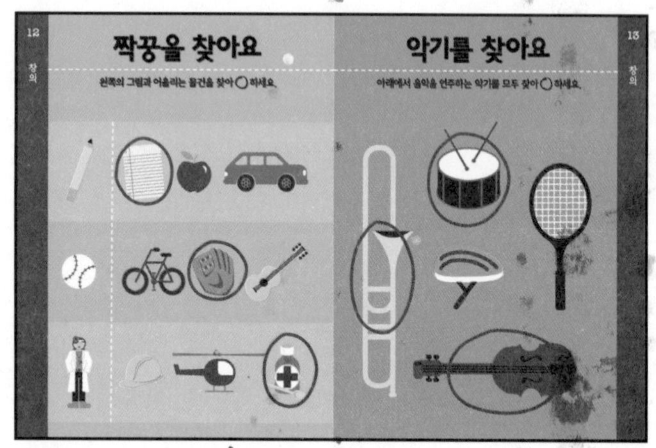
12
짝꿍을 찾아요
13
악기를 찾아요

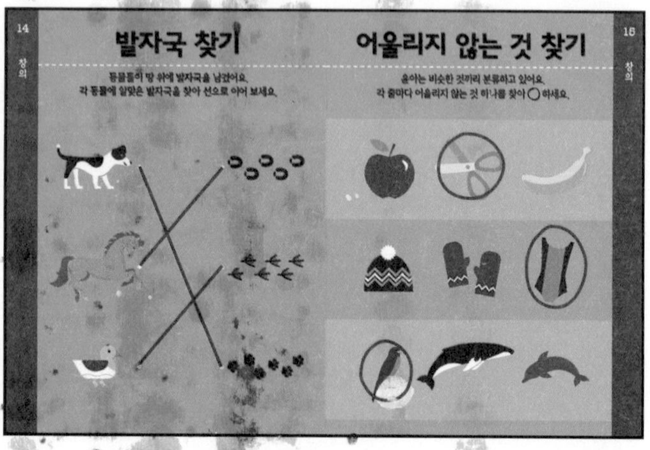
14
발자국 찾기
15
어울리지 않는 것 찾기

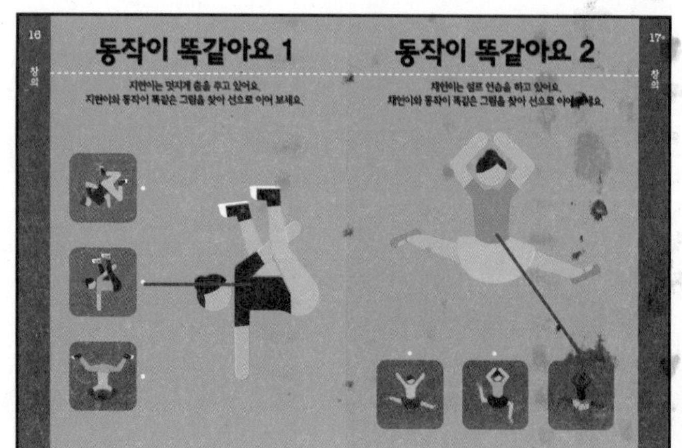
16
동작이 똑같아요 1
17
동작이 똑같아요 2

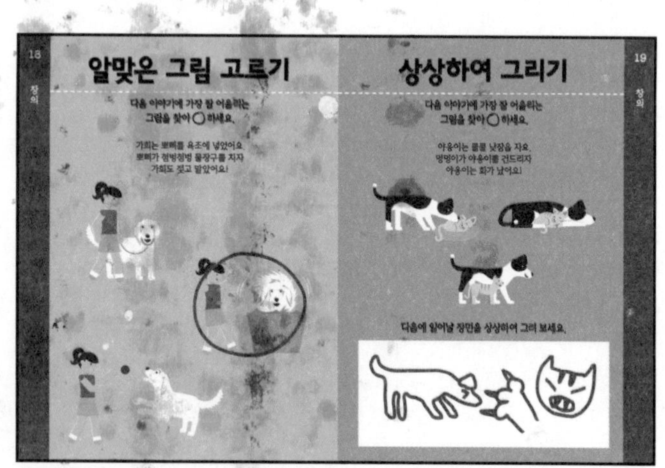
18
알맞은 그림 고르기
19
상상하여 그리기

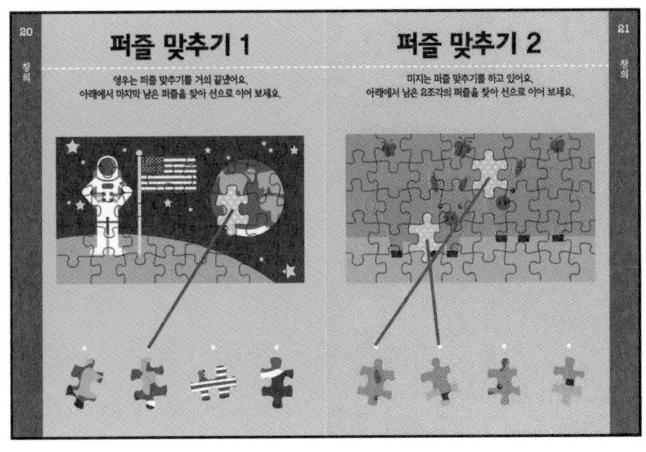
퍼즐 맞추기 1
퍼즐 맞추기 2

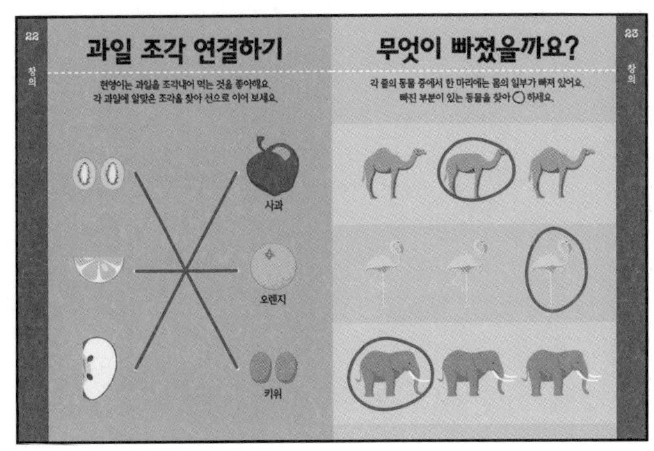
과일 조각 연결하기
무엇이 빠졌을까요?
사과
오렌지
키위

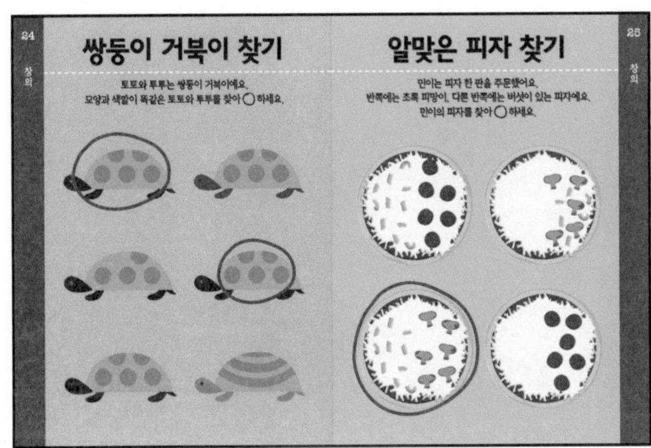
쌍둥이 거북이 찾기
알맞은 피자 찾기

조각 연결하기 1
조각 연결하기 2

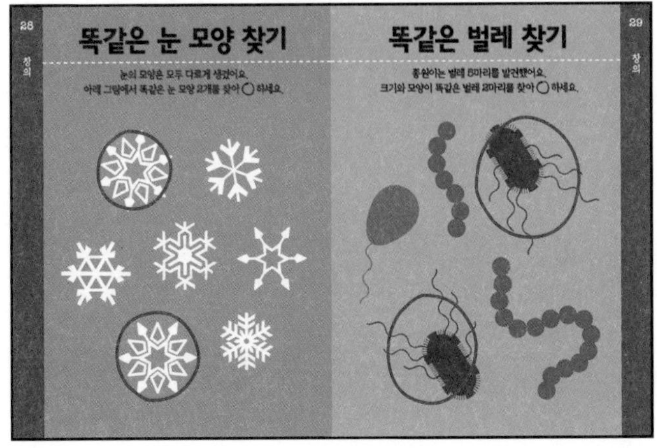
똑같은 눈 모양 찾기
똑같은 벌레 찾기

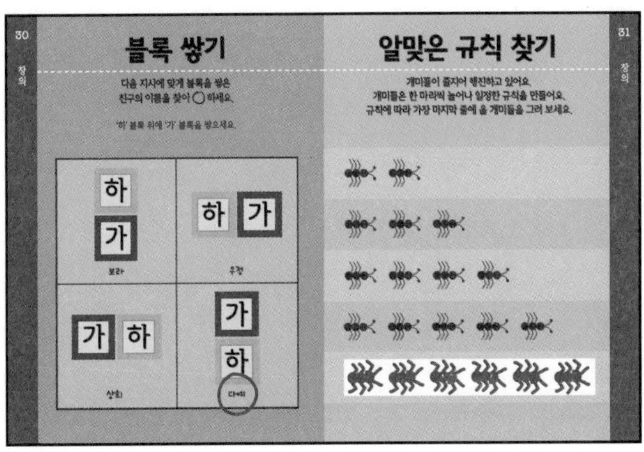
블록 쌓기
알맞은 규칙 찾기
하
가

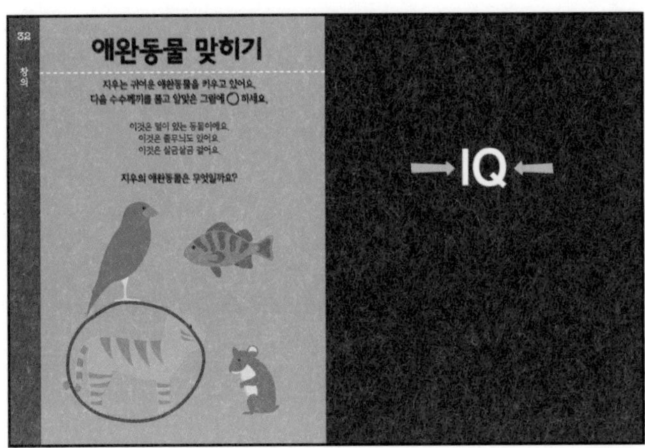
애완동물 맞히기
IQ

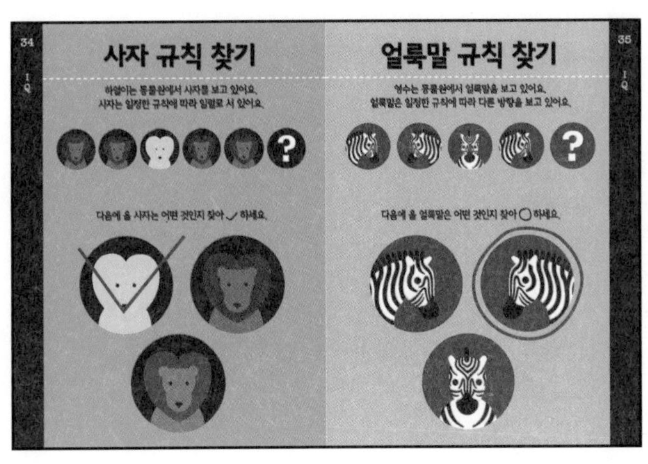
사자 규칙 찾기
얼룩말 규칙 찾기

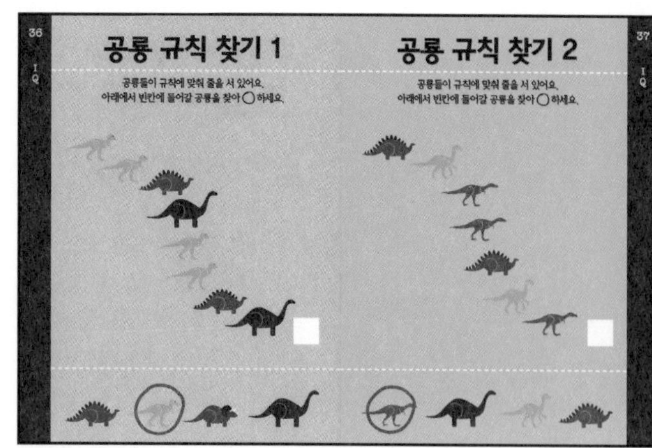
36
IQ
공룡 규칙 찾기 1
공룡들이 규칙에 맞춰 줄을 서 있어요.
아래에서 빈칸에 들어갈 공룡을 찾아 ◯ 하세요.
37
IQ
공룡 규칙 찾기 2
공룡들이 규칙에 맞춰 줄을 서 있어요.
아래에서 빈칸에 들어갈 공룡을 찾아 ◯ 하세요.

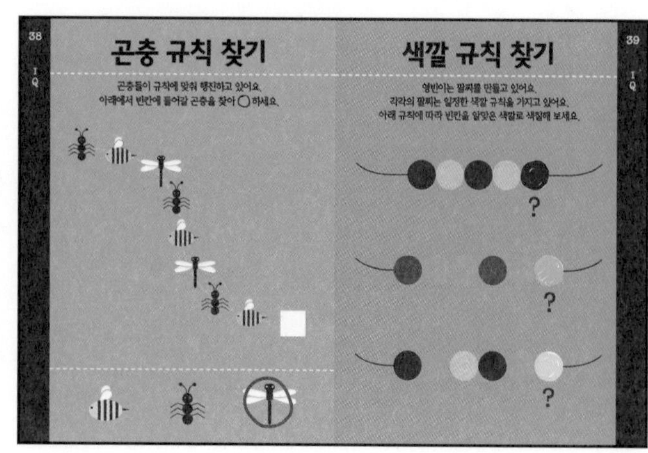
38
IQ
곤충 규칙 찾기
곤충들이 규칙에 맞춰 행진하고 있어요.
아래에서 빈칸에 들어갈 곤충을 찾아 ◯ 하세요.
39
IQ
색깔 규칙 찾기
영빈이는 팔찌를 만들고 있어요.
각각의 팔찌는 일정한 색깔 규칙을 가지고 있어요.
아래 규칙에 따라 빈칸을 알맞은 색깔로 색칠해 보세요.
?
?
?

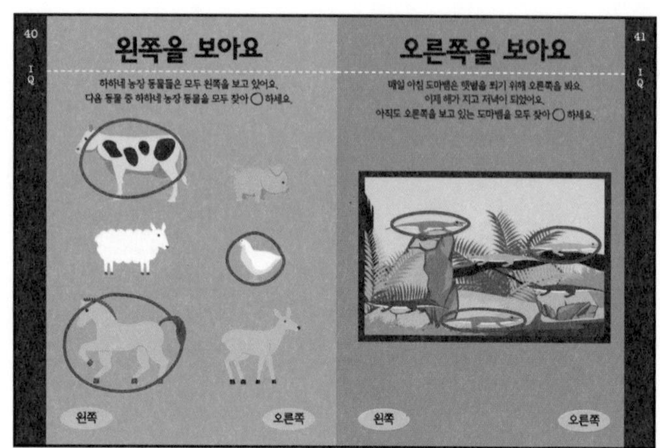
40
IQ
왼쪽을 보아요
하하네 농장 동물들은 모두 왼쪽을 보고 있어요.
다음 동물 중 하하네 농장 동물을 모두 찾아 ◯ 하세요.
왼쪽
오른쪽
41
IQ
오른쪽을 보아요
매일 아침 도마뱀은 햇볕을 쬐기 위해 오른쪽을 봐요.
이제 해가 지고 저녁이 되었어요.
아직도 오른쪽을 보고 있는 도마뱀을 모두 찾아 ◯ 하세요.
왼쪽
오른쪽

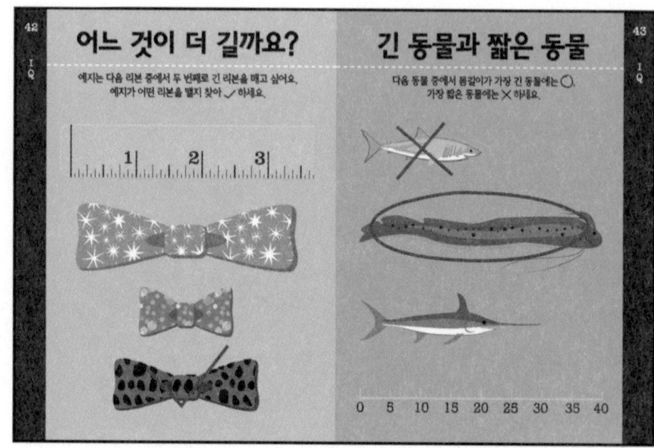
42
IQ
어느 것이 더 길까요?
예지는 다음 리본 중에서 두 번째로 긴 리본을 매고 싶어요.
예지가 어떤 리본을 맬지 찾아 ✓ 하세요.
1
2
3
43
IQ
긴 동물과 짧은 동물
다음 동물 중에서 몸길이가 가장 긴 동물에는 ◯,
가장 짧은 동물에는 ✕ 하세요.
0 5 10 15 20 25 30 35 40

44
IQ
꼭꼭 숨어요 1
동물들이 집 주위에서 숨바꼭질을 해요.
집 위에 숨은 동물에는 ◯,
집 안에 숨은 동물에는 ✕ 하세요.
45
IQ
꼭꼭 숨어요 2
동물들이 나무 주위에서 숨바꼭질을 해요.
나무 속에 숨은 동물에는 ◯,
땅속에 숨은 동물에는 ✕ 하세요.

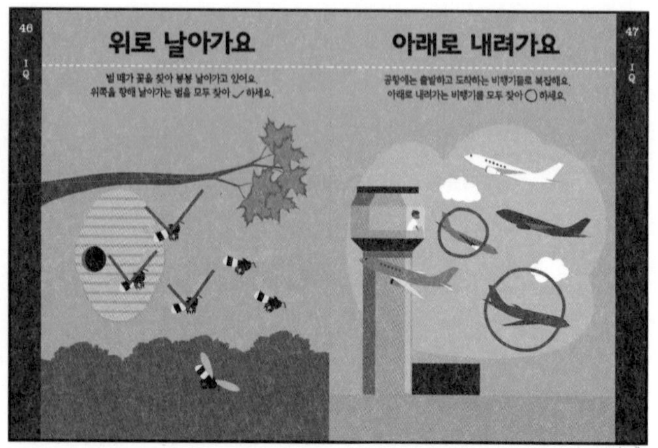
46
IQ
위로 날아가요
벌 떼가 꿀을 찾아 붕붕 날아가고 있어요.
위쪽을 향해 날아가는 벌을 모두 찾아 ✓ 하세요.
47
IQ
아래로 내려가요
공항에는 출발하고 도착하는 비행기들로 복잡해요.
아래로 내려가는 비행기를 모두 찾아 ◯ 하세요.

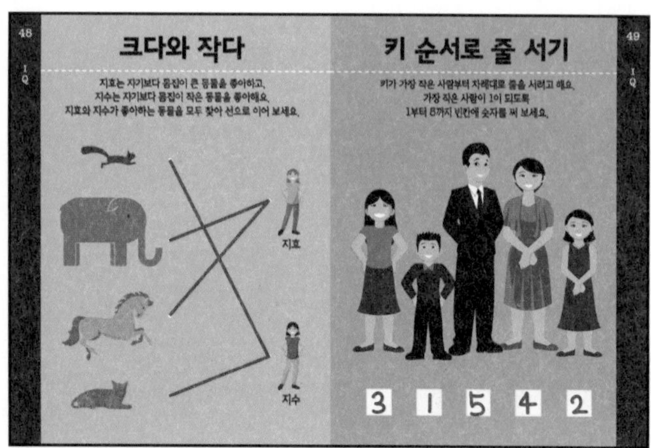
48
IQ
크다와 작다
지효는 자기보다 몸집이 큰 동물을 좋아하고,
지수는 자기보다 몸집이 작은 동물을 좋아해요.
지효와 지수가 좋아하는 동물을 모두 찾아 선으로 이어 보세요.
지효
지수
49
IQ
키 순서로 줄 서기
키가 가장 작은 사람부터 차례대로 줄을 서려고 해요.
가장 작은 사람이 1이 되도록
1부터 5까지 빈칸에 숫자를 써 보세요.
3 1 5 4 2

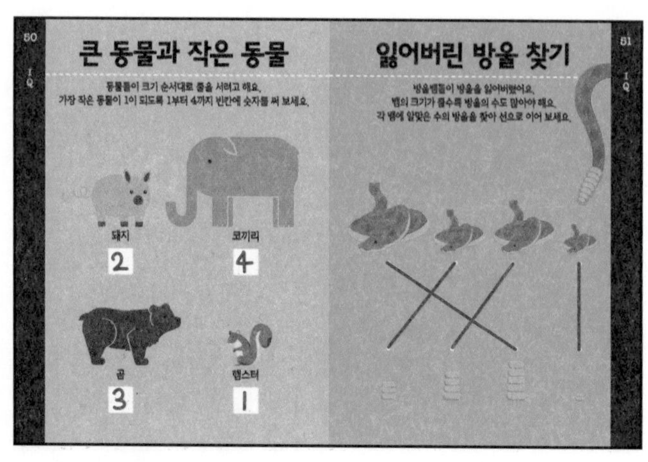
50
IQ
큰 동물과 작은 동물
동물들이 크기 순서대로 줄을 서려고 해요.
가장 작은 동물이 1이 되도록 1부터 4까지 빈칸에 숫자를 써 보세요.
돼지
2
코끼리
4
곰
3
햄스터
1
51
IQ
잃어버린 방울 찾기
방울뱀들이 방울을 잃어버렸어요.
뱀의 크기가 클수록 방울의 수도 많아야 해요.
각 뱀에 알맞은 수의 방울을 찾아 선으로 이어 보세요.

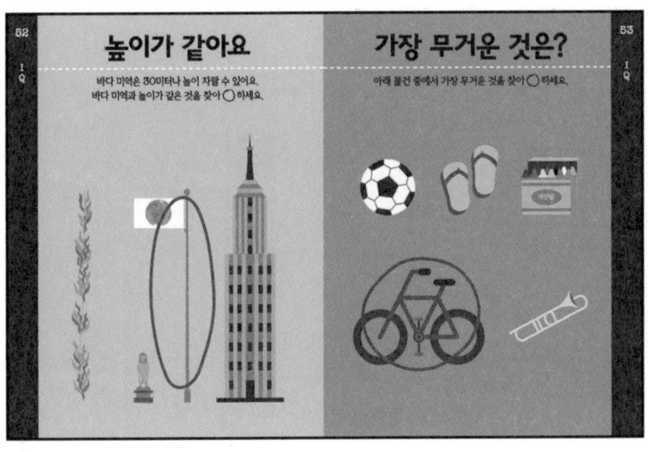
52
높이가 같아요
가장 무거운 것은?
53

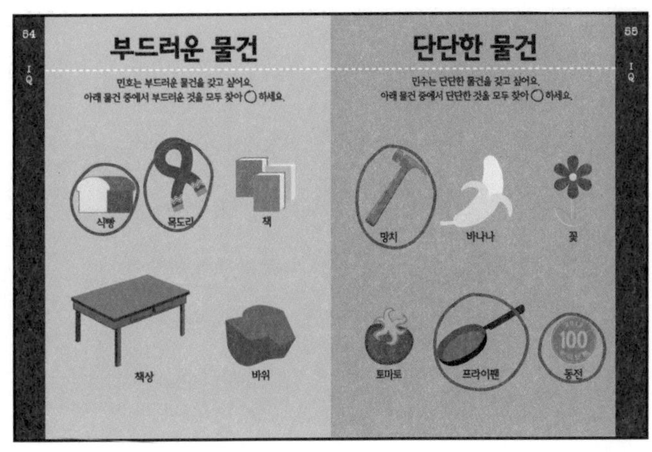
54
부드러운 물건
단단한 물건
55
식빵
목도리
책
책상
바위
망치
바나나
꽃
토마토
프라이팬
동전

56
균형 맞추기 1
균형 맞추기 2
57

58
유치원 가방 챙기기
집에 있는 물건
59
드라이버
색연필
연필
책
공책
자동차
텔레비전
책상
삽
침대

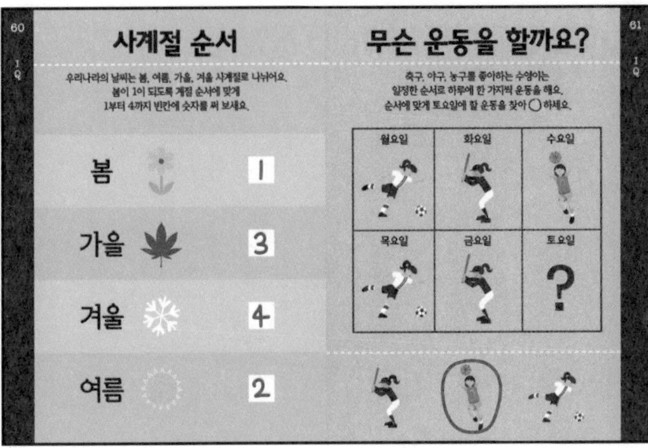
60
사계절 순서
무슨 운동을 할까요?
61
봄
1
가을
3
겨울
4
여름
2
월요일
화요일
수요일
목요일
금요일
토요일
?

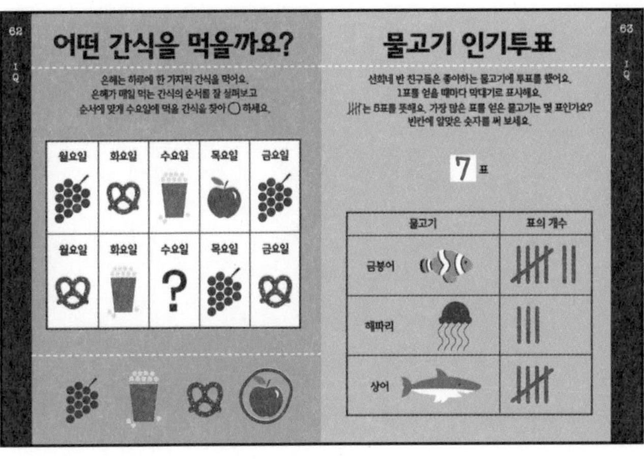
62
어떤 간식을 먹을까요?
물고기 인기투표
63
월요일
화요일
수요일
목요일
금요일
?
7표
물고기
표의 개수
금붕어
해파리
상어

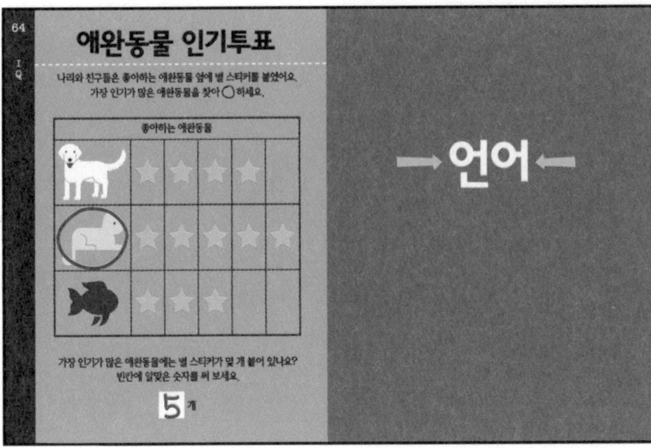
64
애완동물 인기투표
좋아하는 애완동물
5개
→ 언어 ←

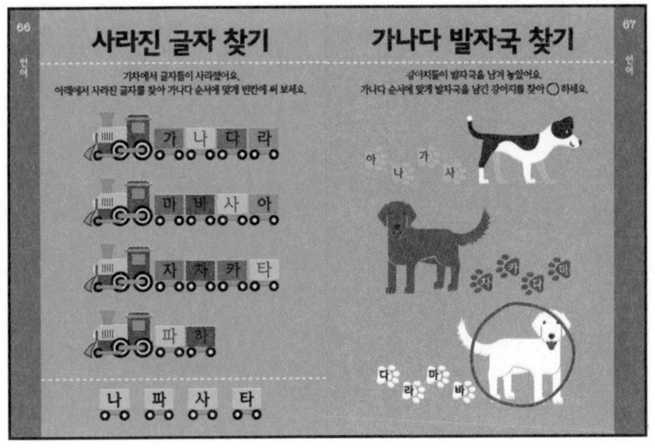
66
사라진 글자 찾기
가나다 발자국 찾기
67
가 나 다 라
마 바 사 아
자 차 카 타
파 하
나 파 사 타

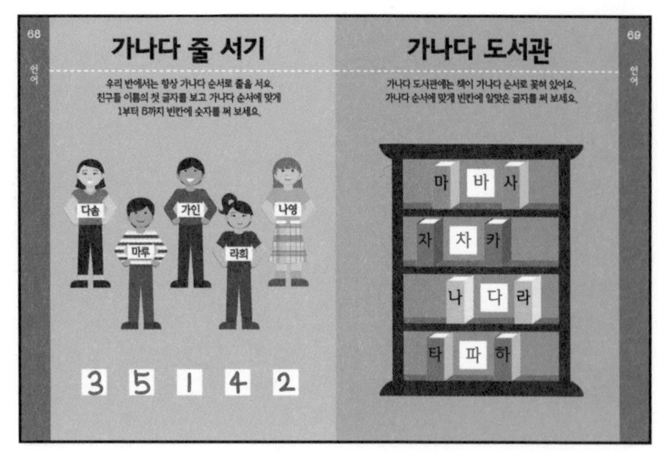
68
가나다 줄 서기
다솜
마루
가인
라희
나영
3 5 1 4 2
가나다 도서관
마 바 사
자 차 카
나 다 라
타 파 하
69

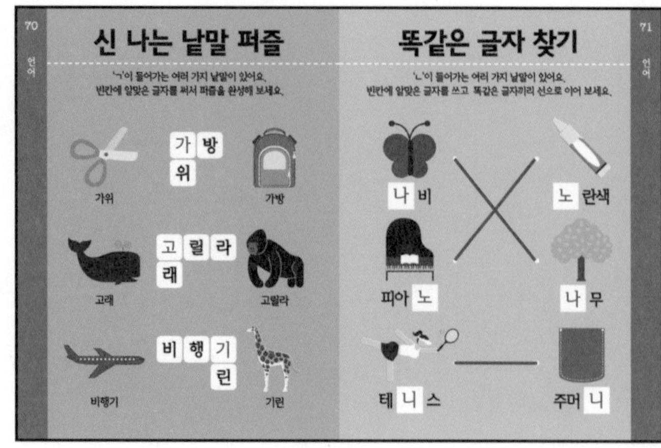
70
신 나는 낱말 퍼즐
가 방
위
가위
가방
고 릴 라
래
고래
고릴라
비 행 기
린
비행기
기린
똑같은 글자 찾기
나 비
노 란색
피아 노
나 무
테 니 스
주머 니
71

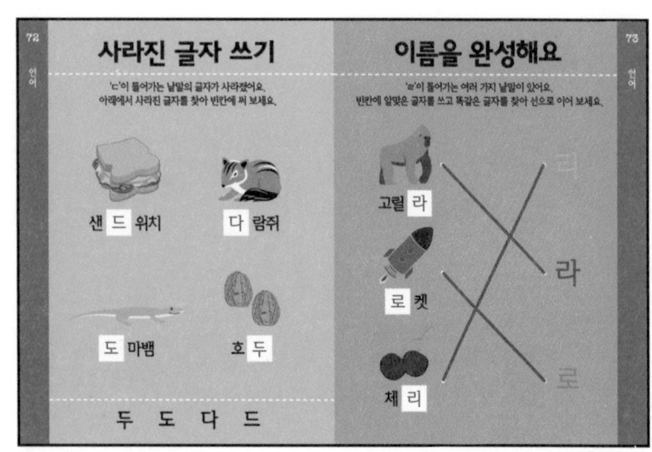
72
사라진 글자 쓰기
샌 드 위치
다 람쥐
도 마뱀
호 두
두 도 다 드
이름을 완성해요
고릴 라
로 켓
체 리
라
로
73

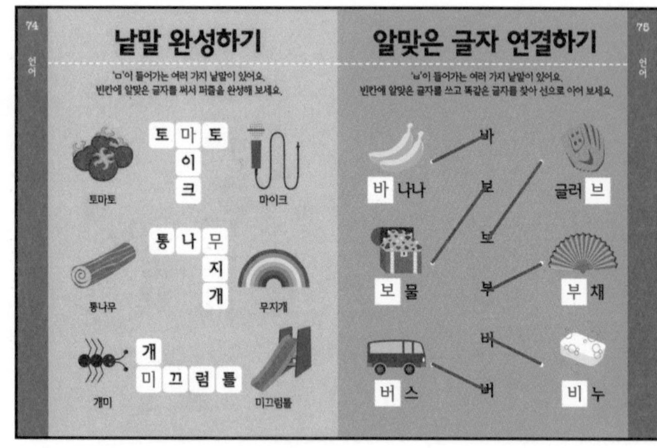
74
낱말 완성하기
토 마 토
이
크
토마토
마이크
통 나 무
지
개
통나무
무지개
개
미 끄 럼 틀
개미
미끄럼틀
알맞은 글자 연결하기
바 나나
글러 브
보 물
부 채
버 스
비 누
75

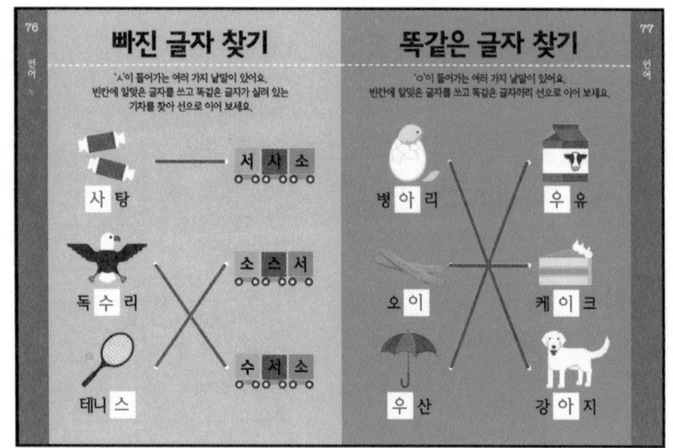
76
빠진 글자 찾기
사 탕
서 사 소
독 수 리
소 스 서
테니 스
수 서 소
똑같은 글자 찾기
병 아 리
우 유
오 이
케 이 크
우 산
강 아 지
77

78
낱말 미로 통과하기 1
꿀벌
꼬리
나무
하마
꼬마
자전거
포크
꽃
낱말 물고기 낚시하기
눈썹
땅콩
다리미
뜨개질
도토리
조기
새싹
두렁
아빠
79

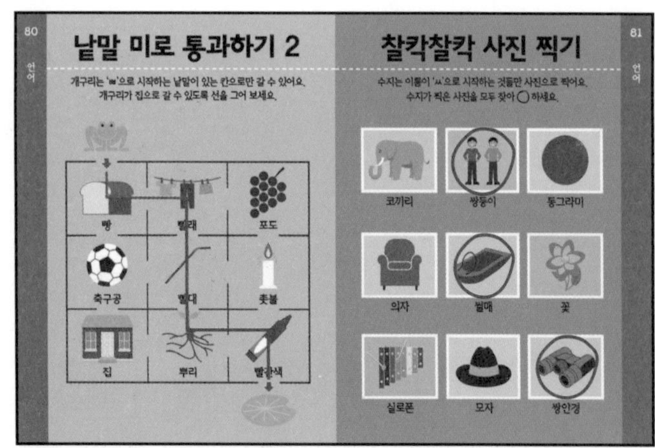
80
낱말 미로 통과하기 2
빵
빨래
포도
축구공
빨대
촛불
집
뿌리
빨간색
찰칵찰칵 사진 찍기
코끼리
쌍둥이
동그라미
의자
썰매
꽃
실로폰
모자
쌍안경
81

82
낱말 꽃 찾기
찌개
자전거
코알라
짬뽕
키위
촛불
낱말 구별하기
꿀벌
빵
딸기
똑꾸기
꼬리
꽃
뚜껑
빨간색
땅콩
83

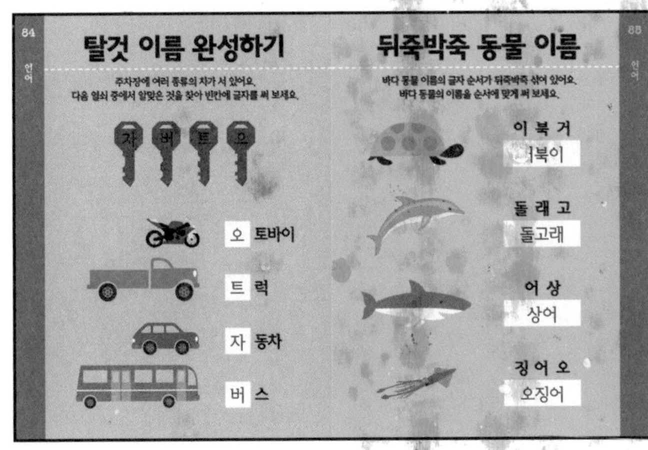
탈것 이름 완성하기
주차장에 여러 종류의 차가 서 있어요.
다음 열쇠 중에서 알맞은 것을 찾아 빈칸에 글자를 써 보세요.
오 토바이
트 럭
자 동차
버 스
뒤죽박죽 동물 이름
이 복 거
거북이
돌 래 고
돌고래
어 상
상어
징 어 오
오징어

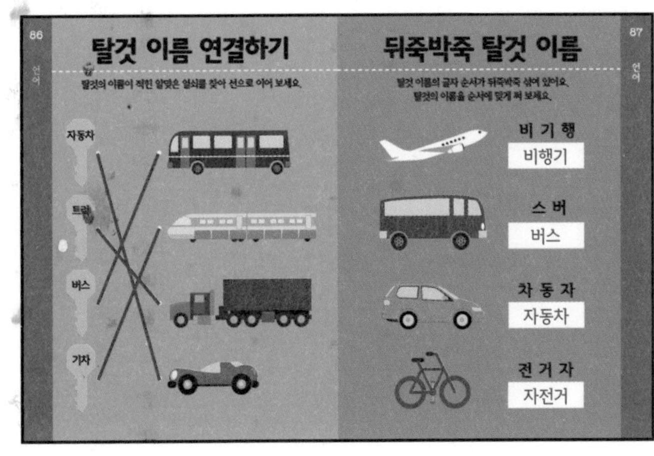
탈것 이름 연결하기
뒤죽박죽 탈것 이름
비 기 행
비행기
스 버
버스
차 동 자
자동차
전 거 자
자전거

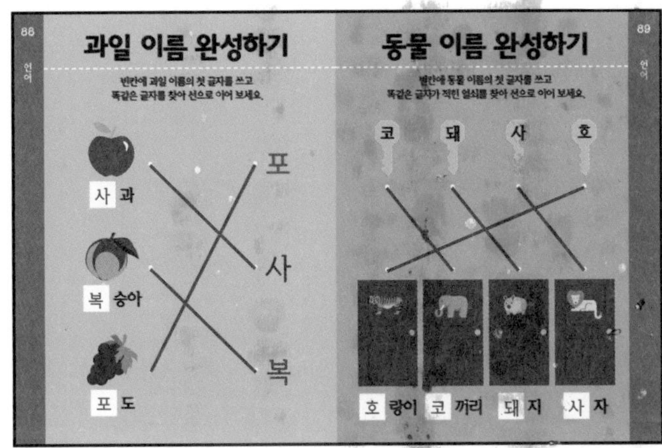
과일 이름 완성하기
사 과
복 숭아
포 도
포
사
복
동물 이름 완성하기
코
돼
사
호
호 랑이
코 끼리
돼 지
사 자

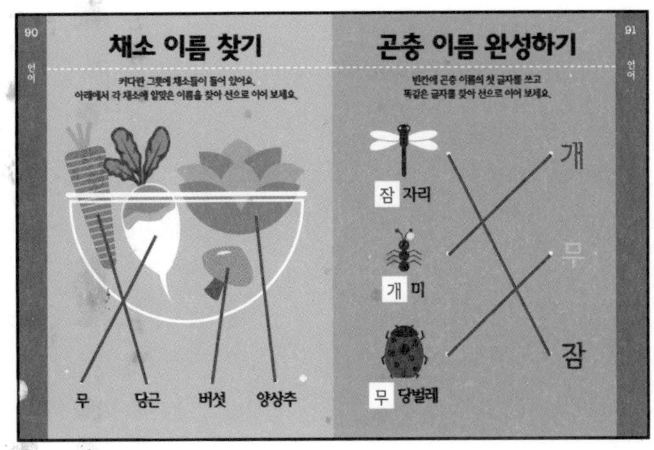
채소 이름 찾기
무
당근
버섯
양상추
곤충 이름 완성하기
잠 자리
개 미
무 당벌레
개
무
잠

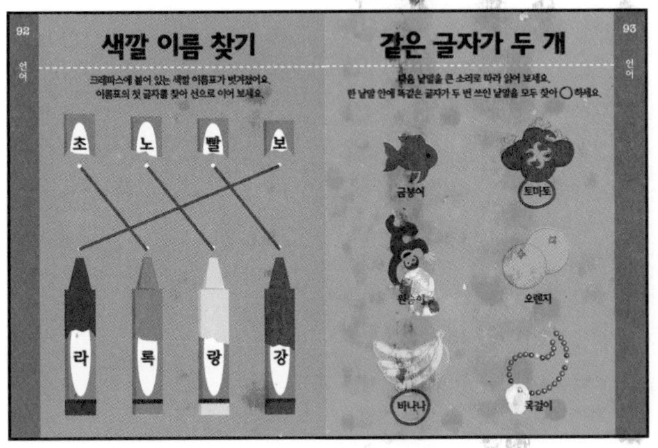
색깔 이름 찾기
초
노
빨
보
라
록
랑
강
같은 글자가 두 개
금붕어
토마토
오렌지
바나나
목걸이

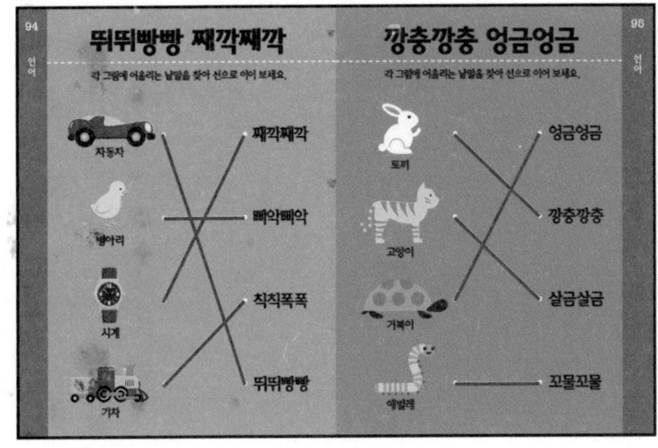
뛰뛰빵빵 째깍째깍
자동차
병아리
시계
기차
째깍째깍
삐악삐악
칙칙폭폭
뛰뛰빵빵
깡충깡충 엉금엉금
토끼
고양이
거북이
애벌레
엉금엉금
깡충깡충
살금살금
꼬물꼬물

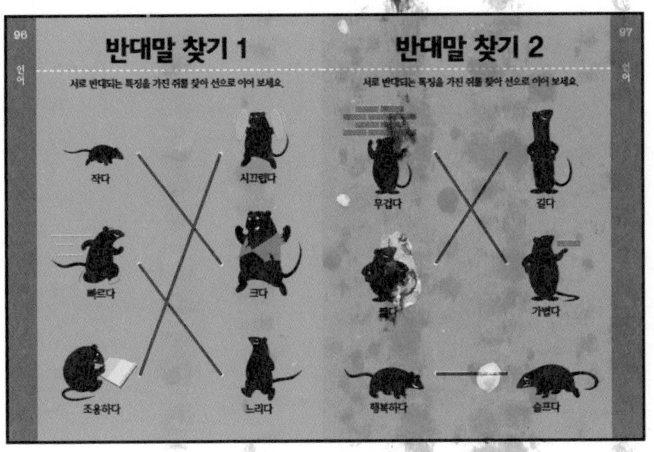
반대말 찾기 1
작다
시끄럽다
빠르다
크다
조용하다
느리다
반대말 찾기 2
무겁다
길다
가볍다
행복하다
슬프다

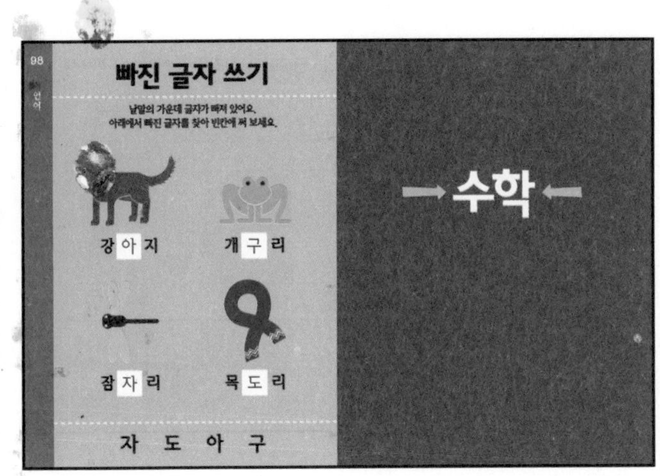
빠진 글자 쓰기
강 아 지
개 구 리
잠 자 리
목 도 리
자 도 아 구
수학

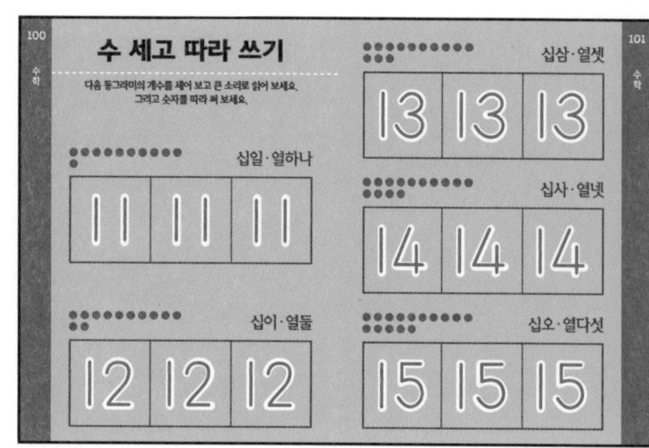
100
수학
수 세고 따라 쓰기
다음 동그라미의 개수를 세어 보고 큰 소리로 읽어 보세요.
그리고 숫자를 따라 써 보세요.
십일 · 열하나
11 11 11
십이 · 열둘
12 12 12
십삼 · 열셋
13 13 13
십사 · 열넷
14 14 14
십오 · 열다섯
15 15 15
101

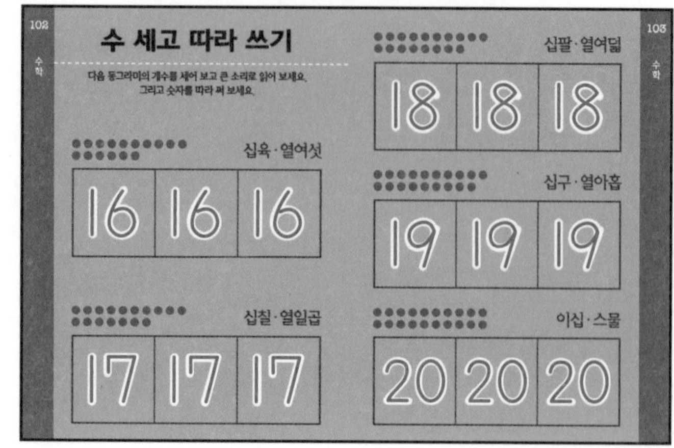
102
수학
수 세고 따라 쓰기
다음 동그라미의 개수를 세어 보고 큰 소리로 읽어 보세요.
그리고 숫자를 따라 써 보세요.
십육 · 열여섯
16 16 16
십칠 · 열일곱
17 17 17
십팔 · 열여덟
18 18 18
십구 · 열아홉
19 19 19
이십 · 스물
20 20 20
103

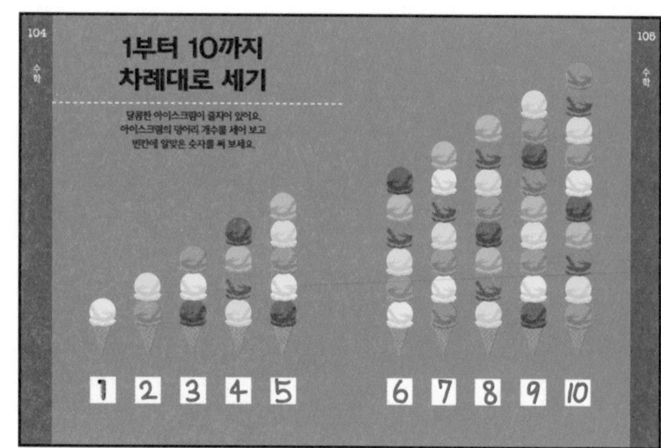
104
수학
1부터 10까지
차례대로 세기
달콤한 아이스크림이 줄지어 있어요.
아이스크림의 덩어리 개수를 세어 보고
빈칸에 알맞은 숫자를 써 보세요.
1 2 3 4 5
6 7 8 9 10
105

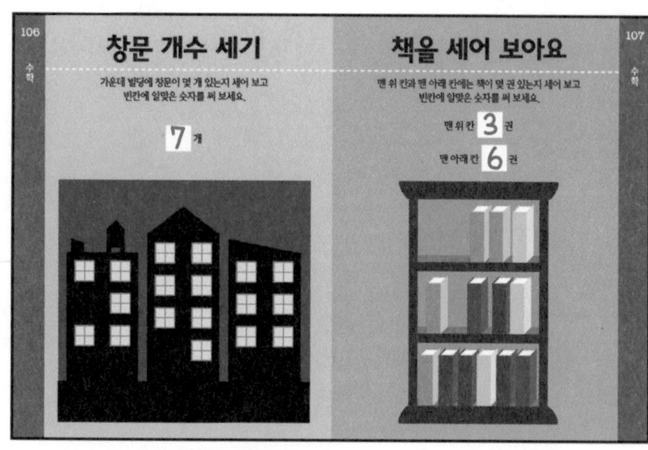
106
수학
창문 개수 세기
가운데 빌딩에 창문이 몇 개 있는지 세어 보고
빈칸에 알맞은 숫자를 써 보세요.
7 개
책을 세어 보아요
맨 위 칸과 맨 아래 칸에는 책이 몇 권 있는지 세어 보고
빈칸에 알맞은 숫자를 써 보세요.
맨 위 칸 3 권
맨 아래 칸 6 권
107

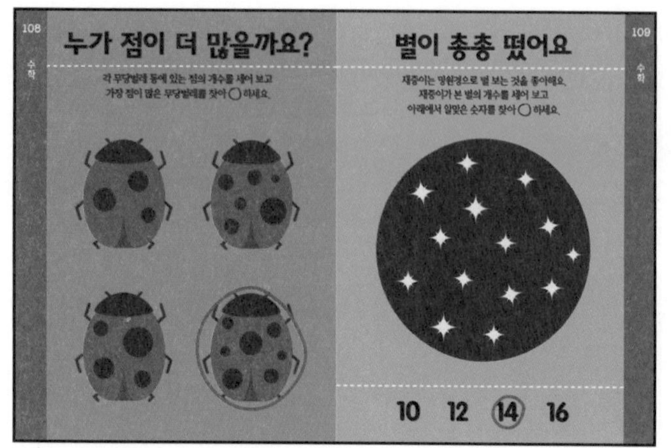
108
수학
누가 점이 더 많을까요?
각 무당벌레 등에 있는 점의 개수를 세어 보고
가장 점이 많은 무당벌레를 찾아 ◯ 하세요.
별이 총총 떴어요
재중이는 망원경으로 별 보는 것을 좋아해요.
재중이가 본 별의 개수를 세어 보고
아래에서 알맞은 숫자를 찾아 ◯ 하세요.
10 12 14 16
109

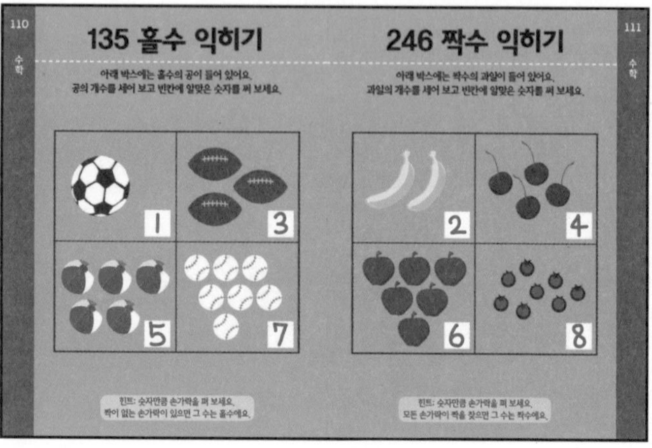
110
수학
135 홀수 익히기
아래 박스에는 홀수의 공이 들어 있어요.
공의 개수를 세어 보고 빈칸에 알맞은 숫자를 써 보세요.
1 3 5 7
힌트: 숫자만큼 손가락을 펴 보세요.
짝이 없는 손가락이 있으면 그 수는 홀수예요.
246 짝수 익히기
아래 박스에는 짝수의 과일이 들어 있어요.
과일의 개수를 세어 보고 빈칸에 알맞은 숫자를 써 보세요.
2 4 6 8
힌트: 숫자만큼 손가락을 펴 보세요.
모든 손가락이 짝을 찾으면 그 수는 짝수예요.
111

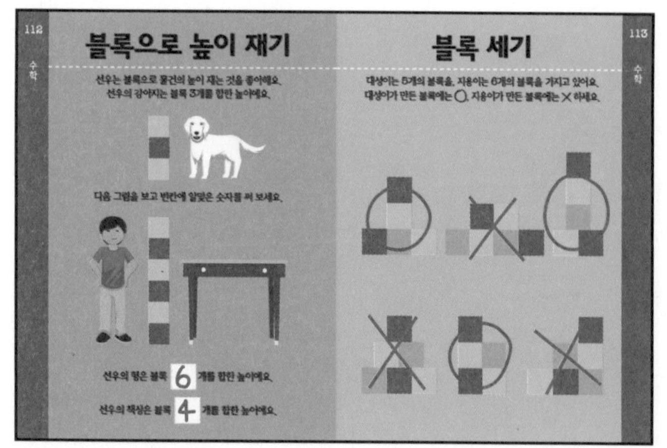
112
수학
블록으로 높이 재기
선우는 블록으로 물건의 높이 재는 것을 좋아해요.
선우의 강아지는 블록 3개를 합한 높이예요.
다음 그림을 보고 빈칸에 알맞은 숫자를 써 보세요.
선우의 형은 블록 6 개를 합한 높이예요.
선우의 책상은 블록 4 개를 합한 높이예요.
블록 세기
대성이는 5개의 블록을, 지용이는 6개의 블록을 가지고 있어요.
대성이가 만든 블록에는 ◯, 지용이가 만든 블록에는 ✕ 하세요.
113

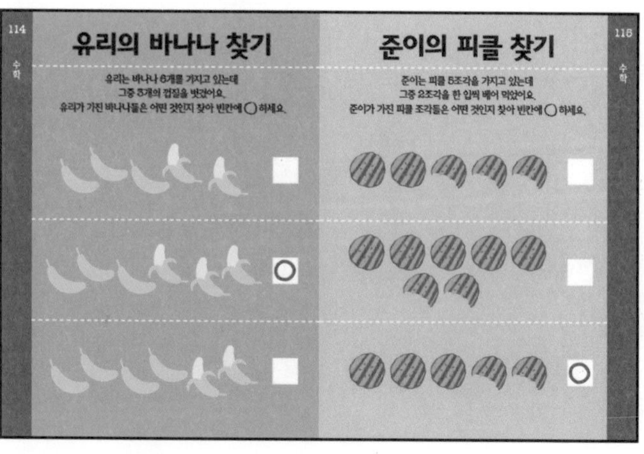
114
수학
유리의 바나나 찾기
유리는 바나나 6개를 가지고 있는데
그중 3개의 껍질을 벗겼어요.
유리가 가진 바나나들은 어떤 것인지 찾아 빈칸에 ◯ 하세요.
준이의 피클 찾기
준이는 피클 5조각을 가지고 있는데
그중 2조각을 한 입씩 베어 먹었어요.
준이가 가진 피클 조각들은 어떤 것인지 찾아 빈칸에 ◯ 하세요.
115

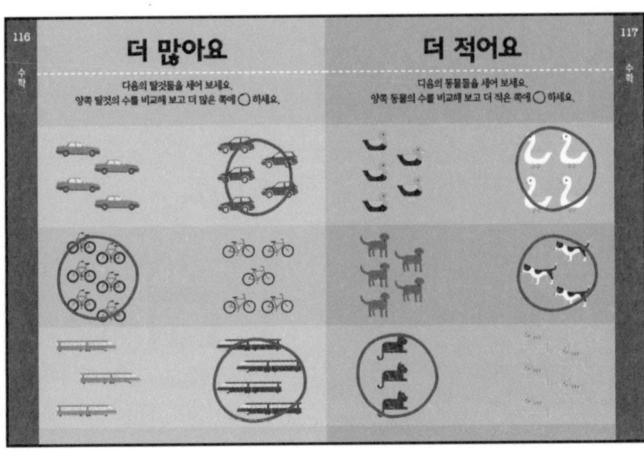
116
더 많아요
더 적어요
117

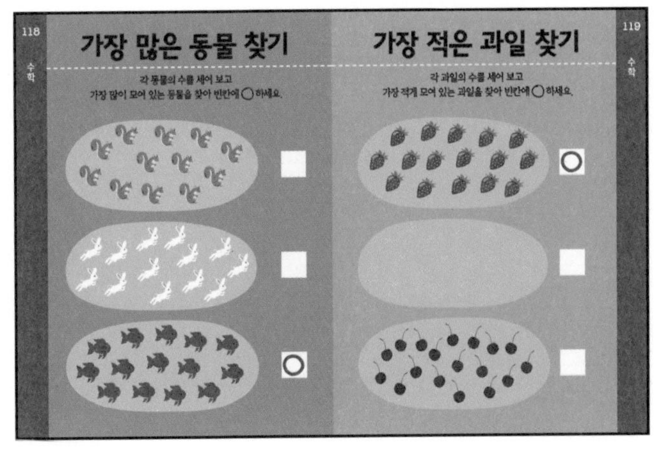
118
가장 많은 동물 찾기
가장 적은 과일 찾기
119

120
사과 나눠 먹기
피자 나눠 먹기
121

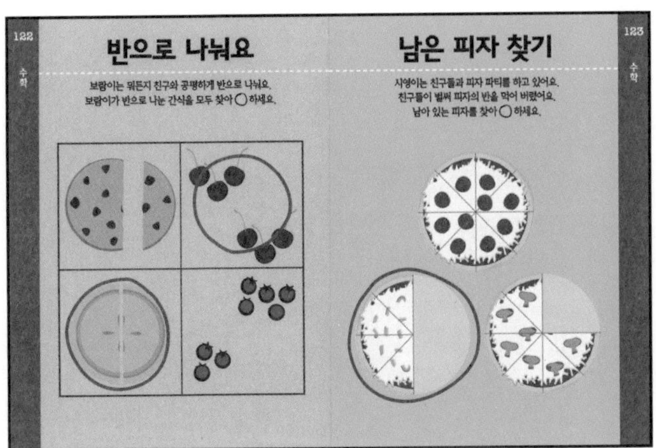
122
반으로 나눠요
남은 피자 찾기
123

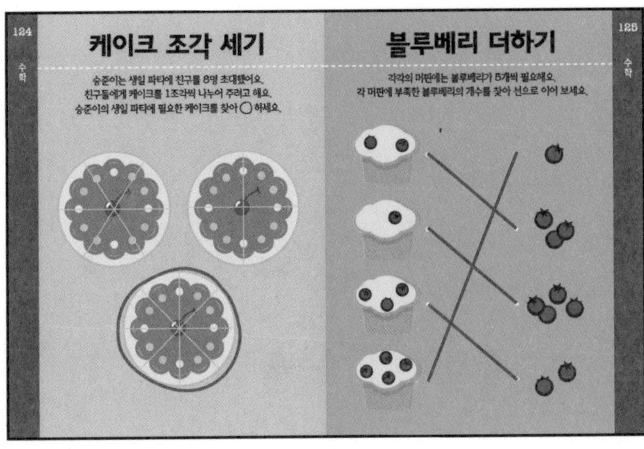
124
케이크 조각 세기
블루베리 더하기
125

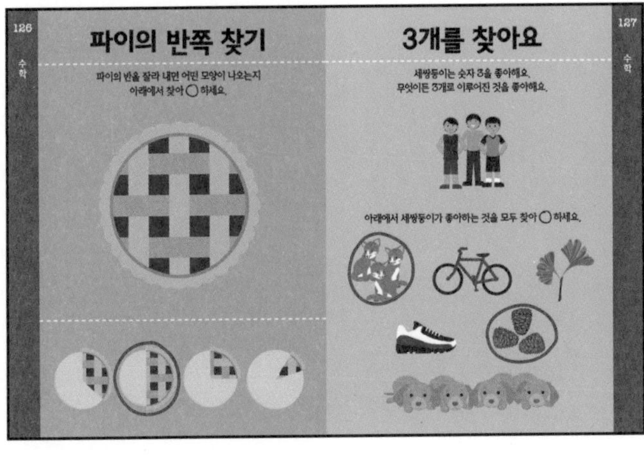
126
파이의 반쪽 찾기
3개를 찾아요
127

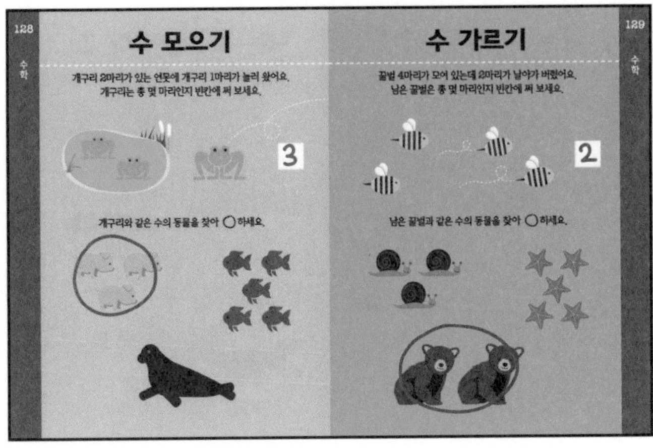
128
수 모으기
3
수 가르기
2
129

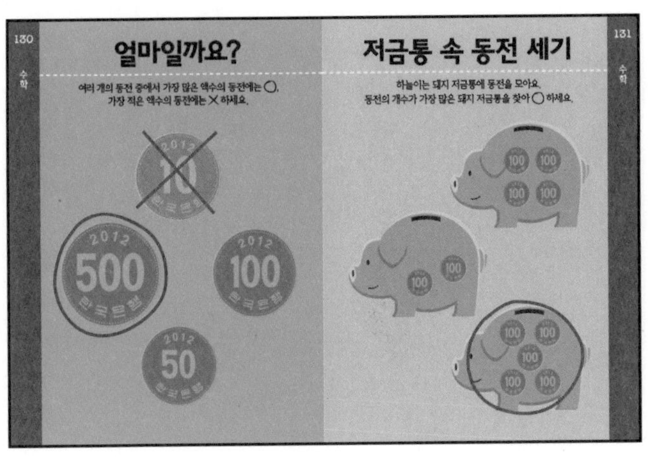
130
얼마일까요?
500
100
50
저금통 속 동전 세기
131

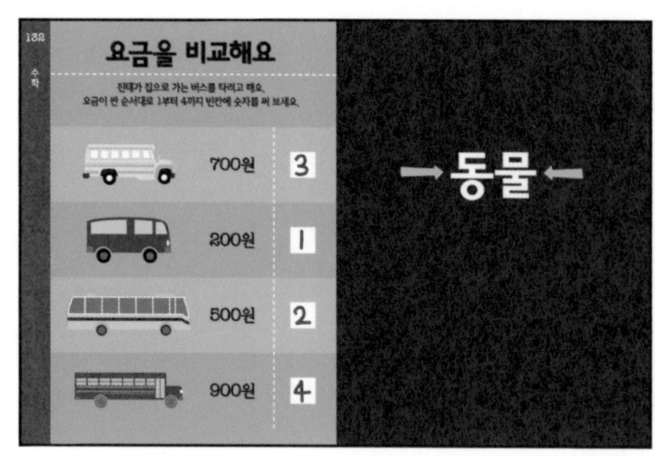
132
요금을 비교해요
700원 3
200원 1
500원 2
900원 4
동물

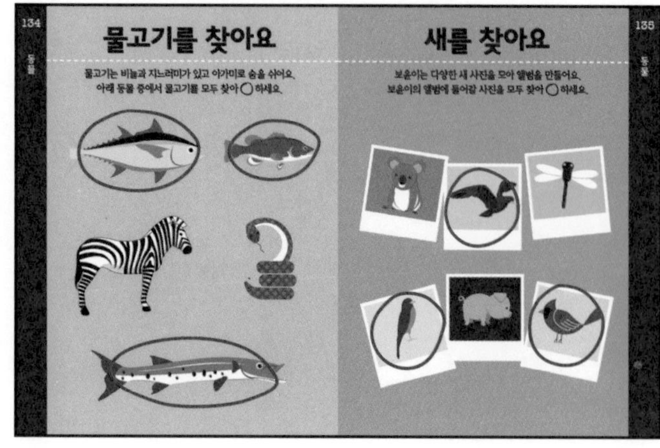
134
물고기를 찾아요
새를 찾아요
135

136
연못에 사는 동물
동물이 아닌 것
137

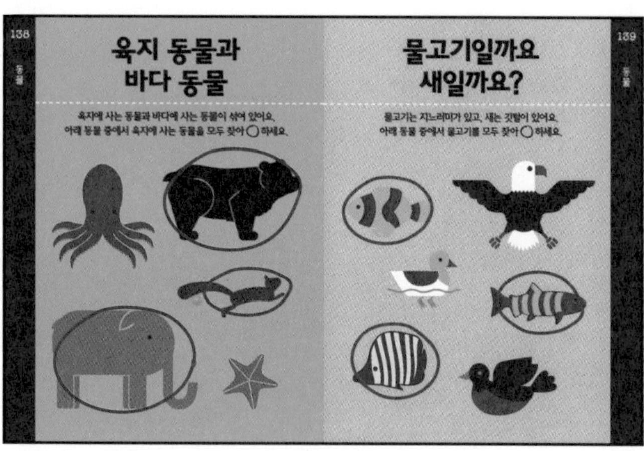
138
육지 동물과
바다 동물
물고기일까요
새일까요?
139

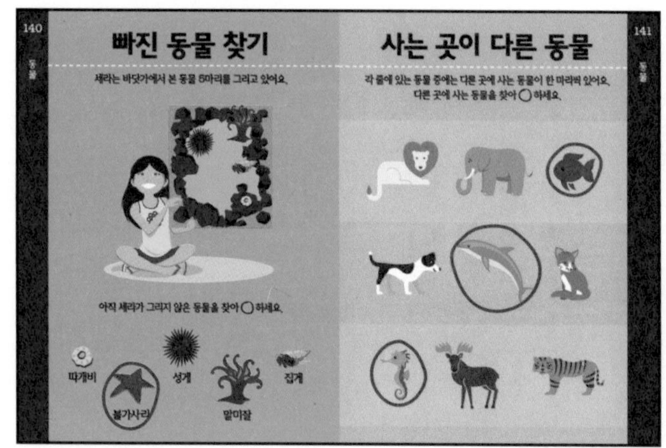
140
빠진 동물 찾기
사는 곳이 다른 동물
141
따개비
성게
집게
불가사리
말미잘

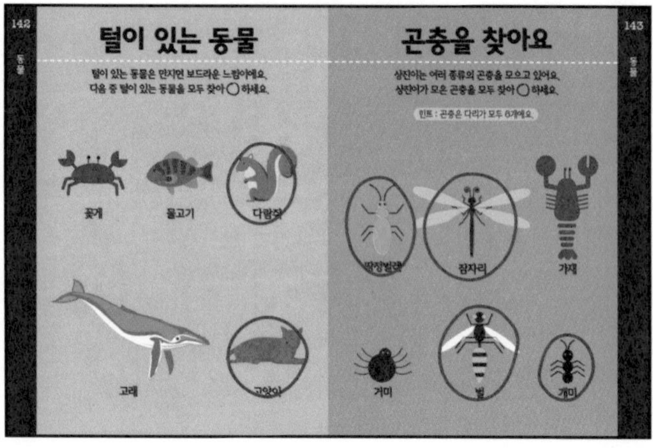
142
털이 있는 동물
곤충을 찾아요
143
꽃게
물고기
다람쥐
고래
고양이
잠자리
가재
거미
벌
개미

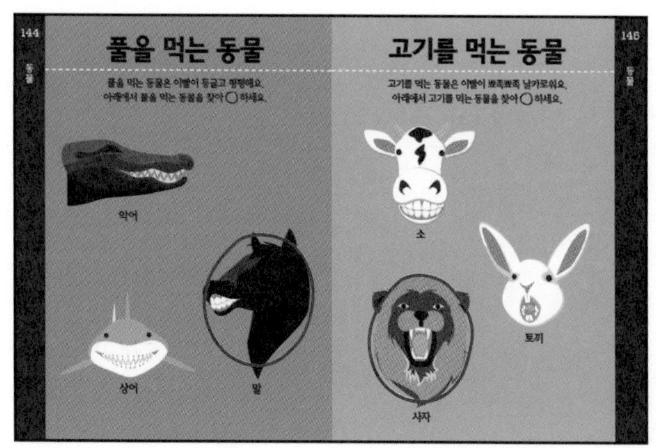
144
풀을 먹는 동물
고기를 먹는 동물
145
악어
상어
말
소
토끼
사자

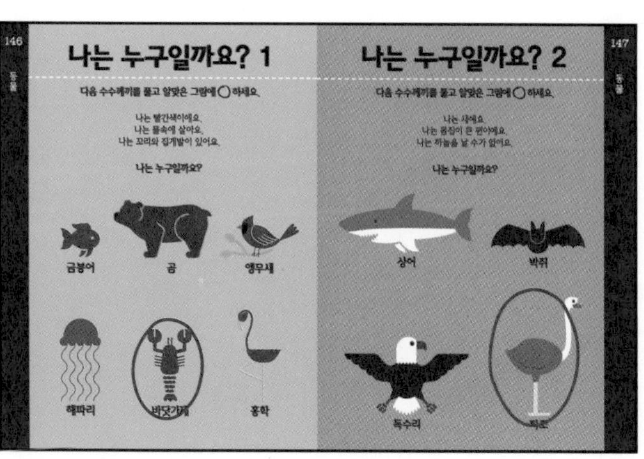
146
나는 누구일까요? 1
나는 누구일까요? 2
147
금붕어
곰
앵무새
해파리
바닷가재
홍학
상어
박쥐
독수리
타조

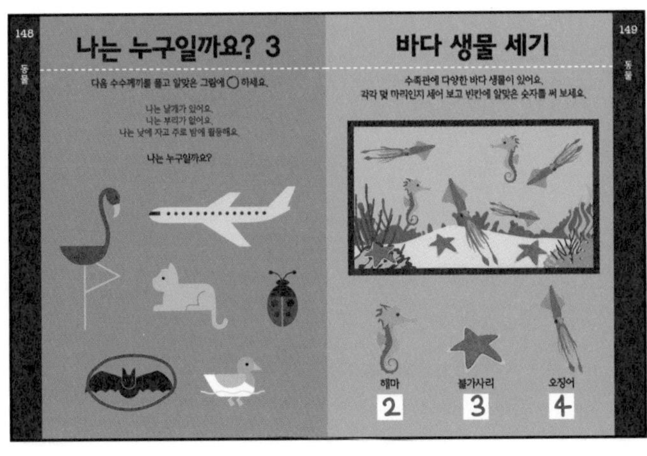
나는 누구일까요? 3
바다 생물 세기
해마
불가사리
오징어
2
3
4

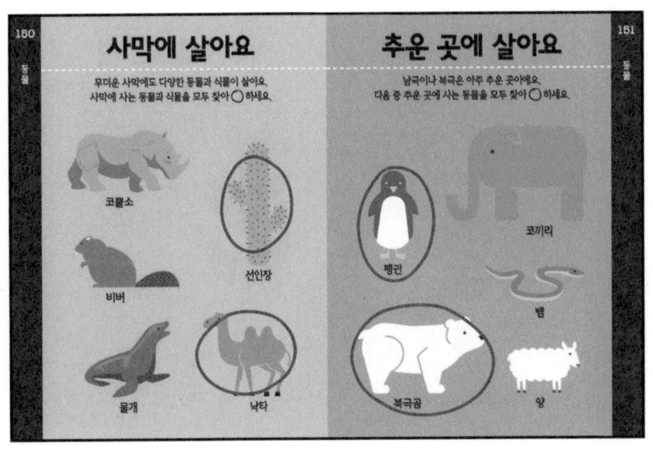
사막에 살아요
추운 곳에 살아요

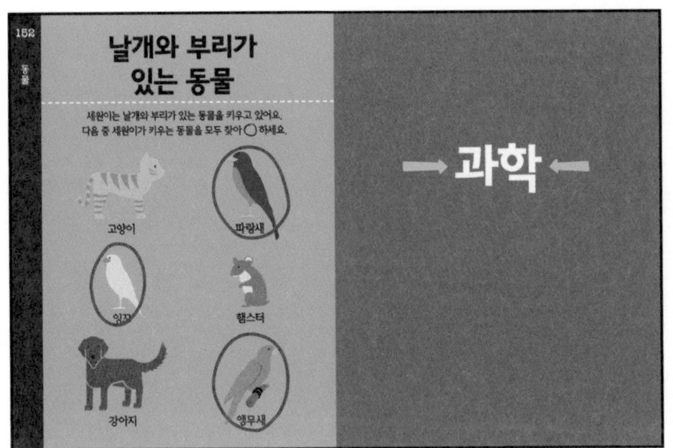
날개와 부리가 있는 동물
과학

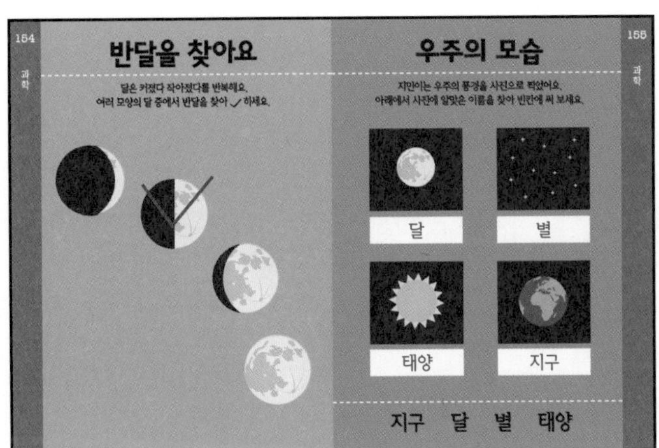
반달을 찾아요
우주의 모습
달
별
태양
지구
지구 달 별 태양

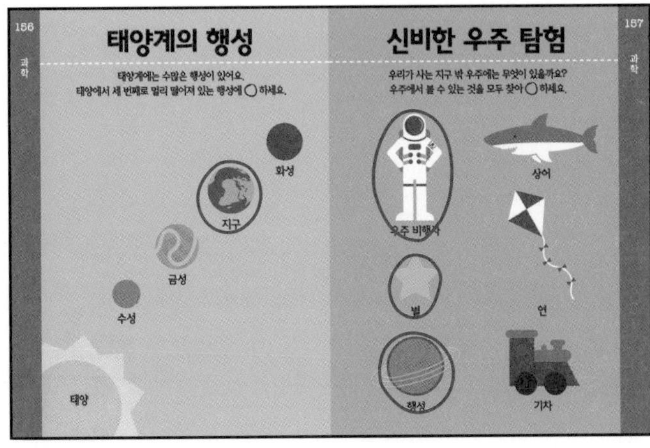
태양계의 행성
신비한 우주 탐험

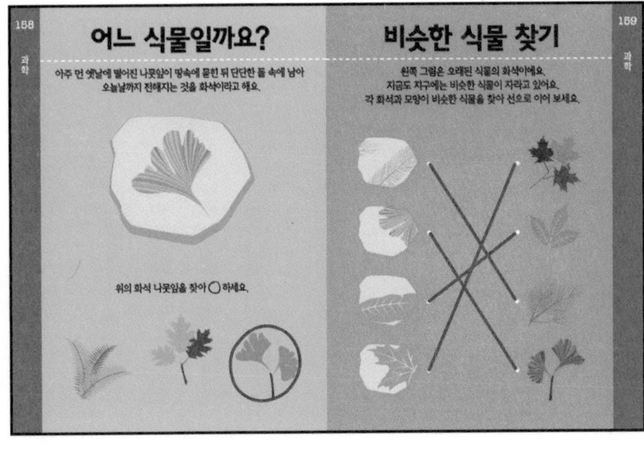
어느 식물일까요?
비슷한 식물 찾기

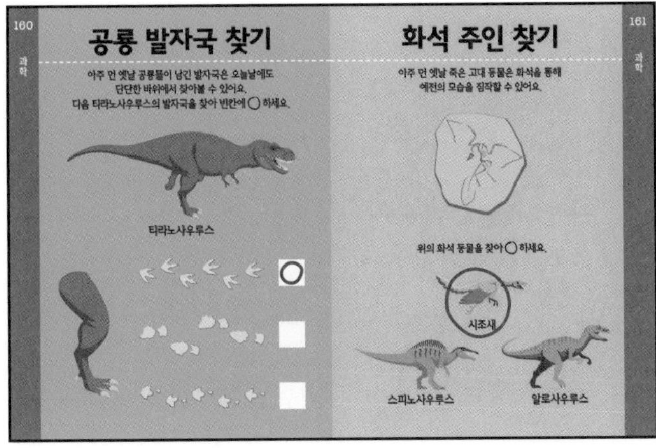
공룡 발자국 찾기
화석 주인 찾기
티라노사우루스
시조새
스피노사우루스
알로사우루스

육식 공룡 찾기
씨앗에서 꽃으로
4
2
1
3

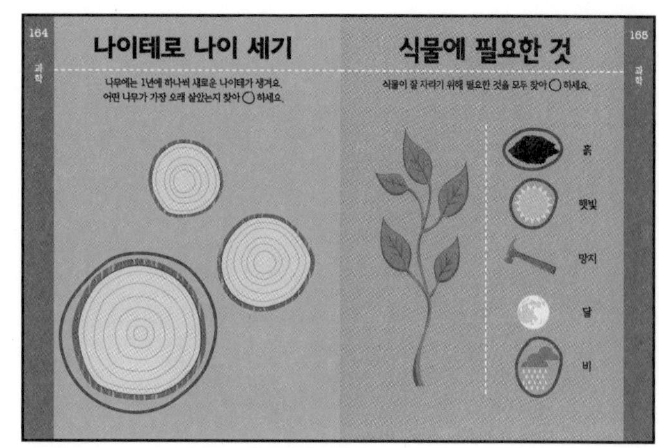
164
나이테로 나이 세기
나무에는 1년에 하나씩 새로운 나이테가 생겨요.
어떤 나무가 가장 오래 살았는지 찾아 ◯ 하세요.
165
식물에 필요한 것
식물이 잘 자라기 위해 필요한 것을 모두 찾아 ◯ 하세요.
흙
햇빛
망치
달
비

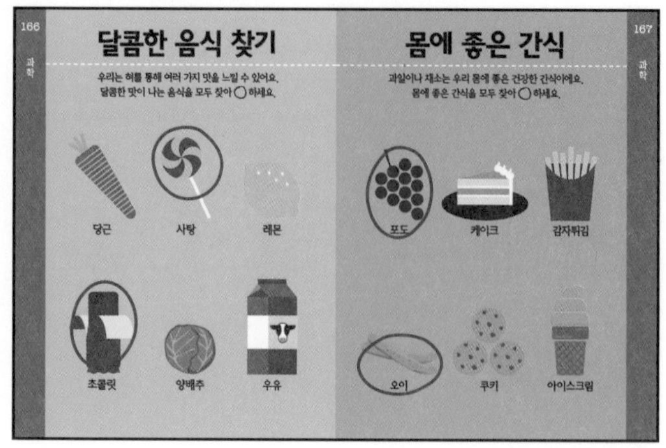
166
달콤한 음식 찾기
당근
사탕
레몬
초콜릿
양배추
우유
167
몸에 좋은 간식
포도
케이크
감자튀김
오이
쿠키
아이스크림

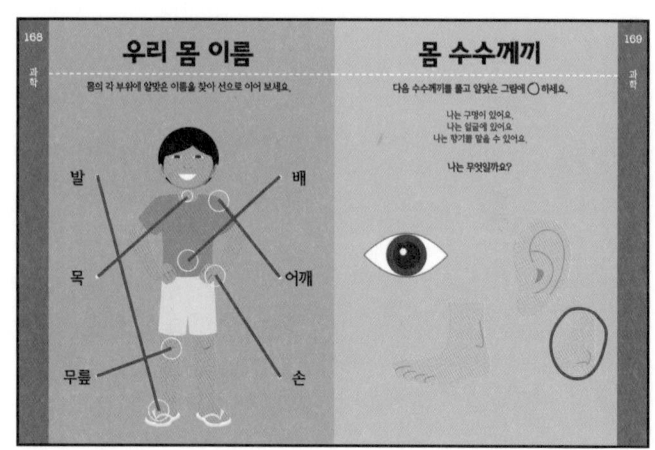
168
우리 몸 이름
몸의 각 부위에 알맞은 이름을 찾아 선으로 이어 보세요.
발
배
목
어깨
무릎
손
169
몸 수수께끼
다음 수수께끼를 풀고 알맞은 그림에 ◯ 하세요.
나는 구멍이 있어요.
나는 얼굴에 있어요.
나는 향기를 맡을 수 있어요.
나는 무엇일까요?

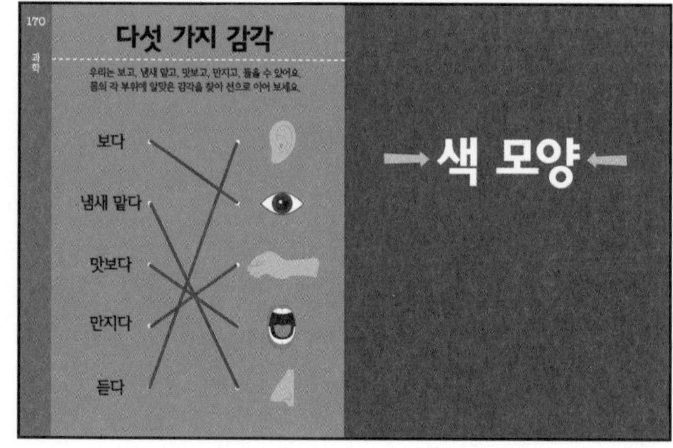
170
다섯 가지 감각
보다
냄새 맡다
맛보다
만지다
듣다
색 모양

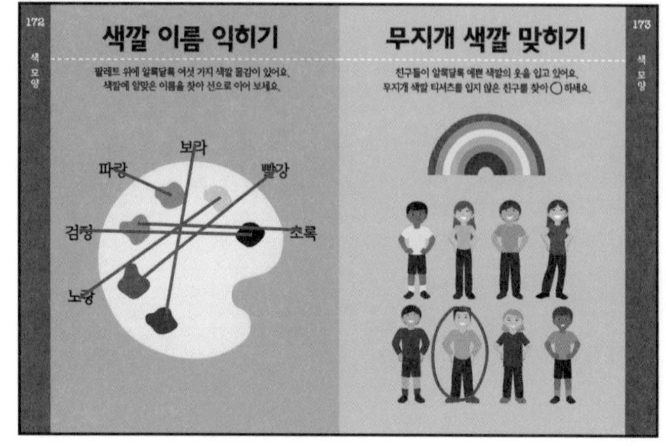
172
색깔 이름 익히기
보라
파랑
빨강
검정
초록
노랑
173
무지개 색깔 맞히기

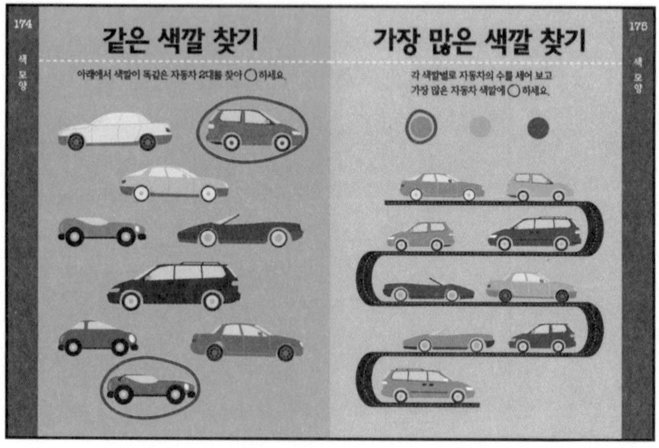
174
같은 색깔 찾기
아래에서 색깔이 똑같은 자동차 2대를 찾아 ◯ 하세요.
175
가장 많은 색깔 찾기

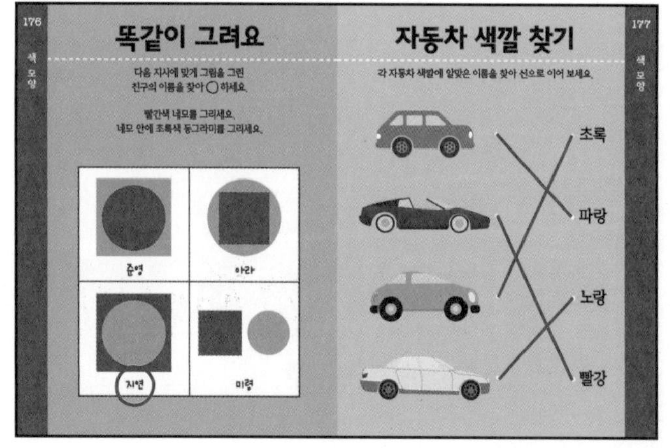
176
똑같이 그려요
다음 지시에 맞게 그림을 그린 친구의 이름을 찾아 ◯ 하세요.
빨간색 네모를 그리세요.
네모 안에 초록색 동그라미를 그리세요.
준영
아라
지연
미령
177
자동차 색깔 찾기
각 자동차 색깔에 알맞은 이름을 찾아 선으로 이어 보세요.
초록
파랑
노랑
빨강

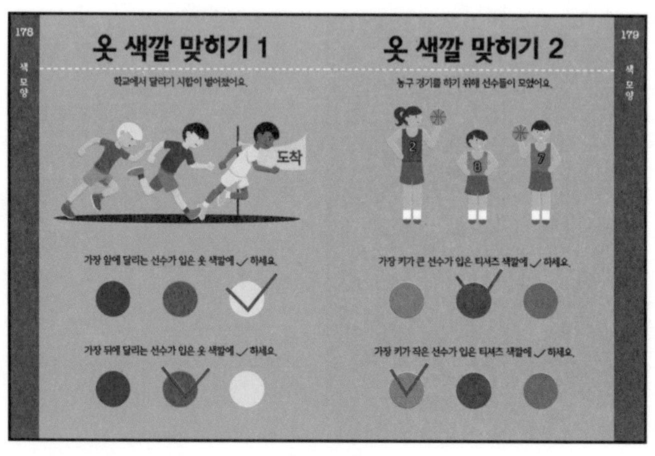
178
옷 색깔 맞히기 1
학교에서 달리기 시합이 벌어졌어요.
도착
179
옷 색깔 맞히기 2
농구 경기를 하기 위해 선수들이 모였어요.

정답

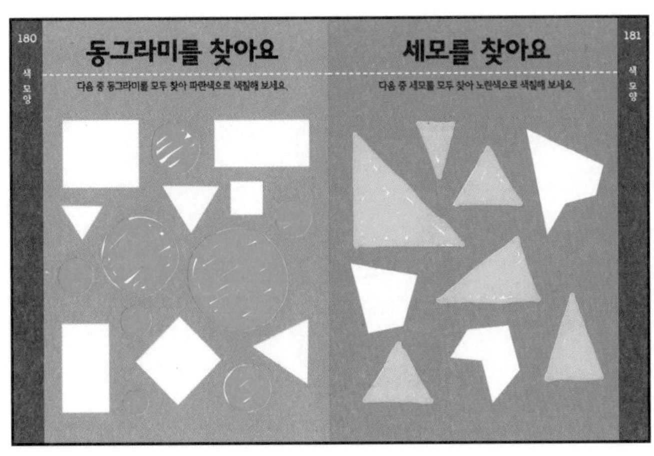
180
동그라미를 찾아요
181
세모를 찾아요

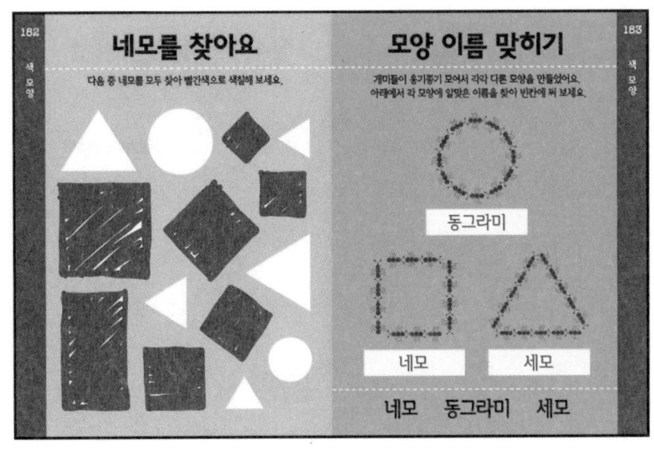
182
네모를 찾아요
183
모양 이름 맞히기
동그라미
네모
세모
네모 동그라미 세모

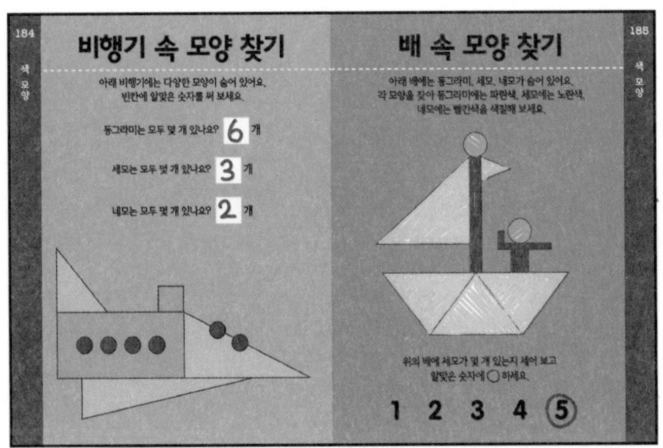
184
비행기 속 모양 찾기
6 개
3 개
2 개
185
배 속 모양 찾기
1 2 3 4 5

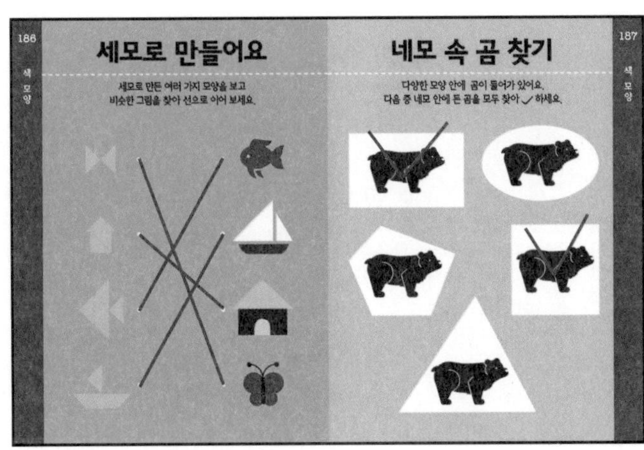
186
세모로 만들어요
187
네모 속 곰 찾기

188
숨은 모양 찾기
189
비슷한 모양 찾기

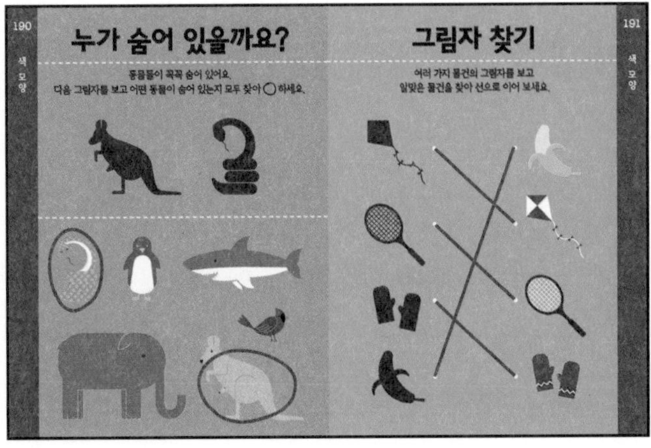
190
누가 숨어 있을까요?
191
그림자 찾기

192
모양 규칙 찾기
→탈것←

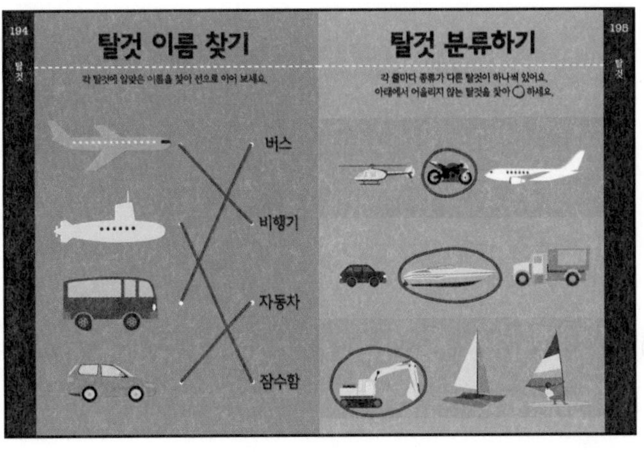
194
탈것 이름 찾기
버스
비행기
자동차
잠수함
195
탈것 분류하기

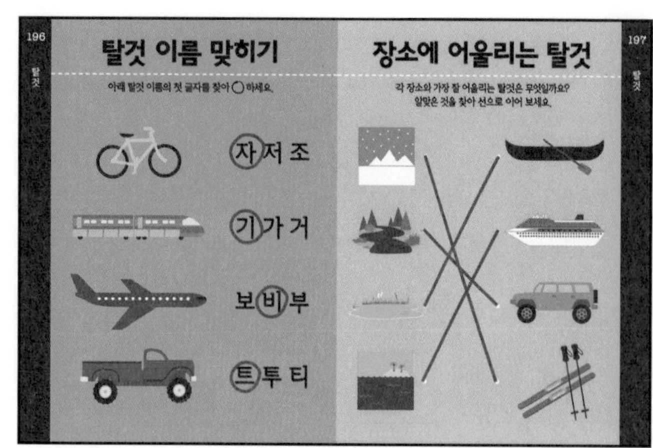
196
탈것 이름 맞히기
아래 탈것 이름의 첫 글자를 찾아 ◯ 하세요.
자 저 조
기 가 거
보 비 부
트 투 티
197
장소에 어울리는 탈것
각 장소와 가장 잘 어울리는 탈것은 무엇일까요?
알맞은 것을 찾아 선으로 이어 보세요.

198
바퀴로 움직여요
아래에서 바퀴가 있는 탈것을 모두 찾아 ◯ 하세요.
199
중장비차 찾기
높은 건물을 짓기 위해서는 중장비차가 필요해요.
아래 미로에서 중장비차를 찾아 선으로 이어 보세요.

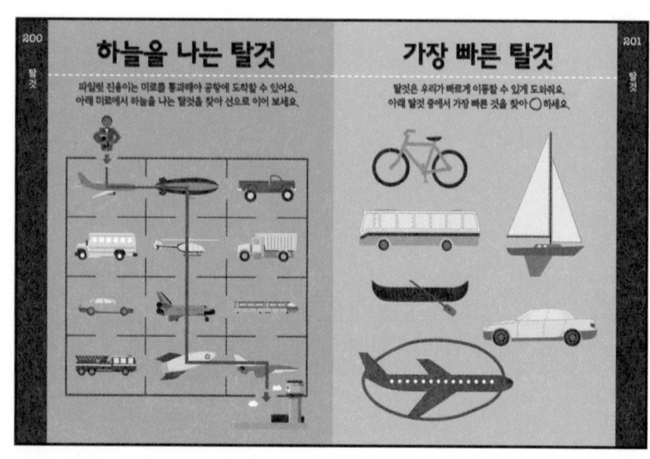
200
하늘을 나는 탈것
파일럿 진솔이는 미로를 통과해야 공항에 도착할 수 있어요.
아래 미로에서 하늘을 나는 탈것을 찾아 선으로 이어 보세요.
201
가장 빠른 탈것
탈것은 우리가 빠르게 이동할 수 있게 도와줘요.
아래 탈것 중에서 가장 빠른 것을 찾아 ◯ 하세요.

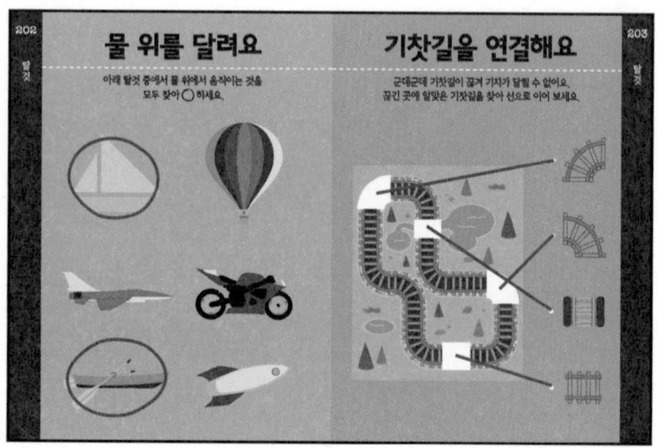
202
물 위를 달려요
아래 탈것 중에서 물 위에서 움직이는 것을
모두 찾아 ◯ 하세요.
203
기찻길을 연결해요
군데군데 기찻길이 끊겨 기차가 달릴 수 없어요.
끊긴 곳에 알맞은 기찻길을 찾아 선으로 이어 보세요.

204
주차장 규칙 찾기
주차장에 자동차들이 일정한 규칙을 이루며 서 있어요.
규칙에 따라 빈칸에 들어갈 자동차를 찾아 ◯ 하세요.
사회

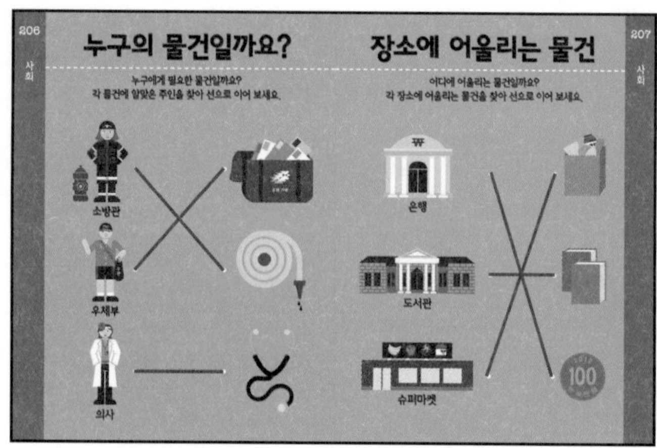
206
누구의 물건일까요?
누구에게 필요한 물건일까요?
각 물건에 알맞은 주인을 찾아 선으로 이어 보세요.
소방관
우체부
의사
207
장소에 어울리는 물건
어디에 어울리는 물건일까요?
각 장소에 어울리는 물건을 찾아 선으로 이어 보세요.
은행
도서관
슈퍼마켓
100

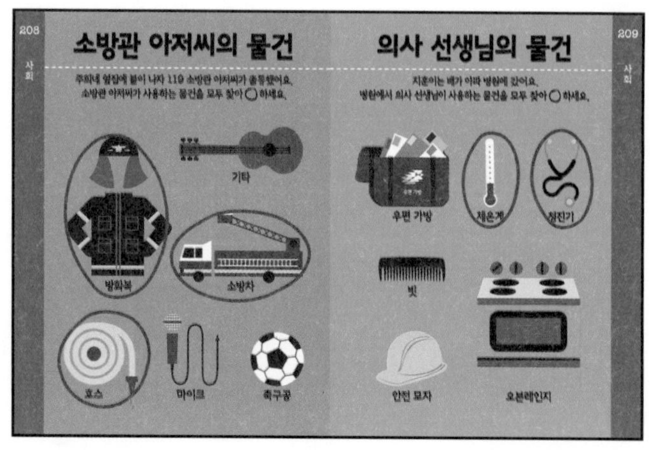
208
소방관 아저씨의 물건
주희네 옆집에 불이 나자 119 소방관 아저씨가 출동했어요.
소방관 아저씨가 사용하는 물건을 모두 찾아 ◯ 하세요.
기타
방화복
소방차
호스
마이크
축구공
209
의사 선생님의 물건
지훈이는 배가 아파 병원에 갔어요.
병원에서 의사 선생님이 사용하는 물건을 모두 찾아 ◯ 하세요.
우편 가방
체온계
청진기
빗
안전 모자
오븐레인지

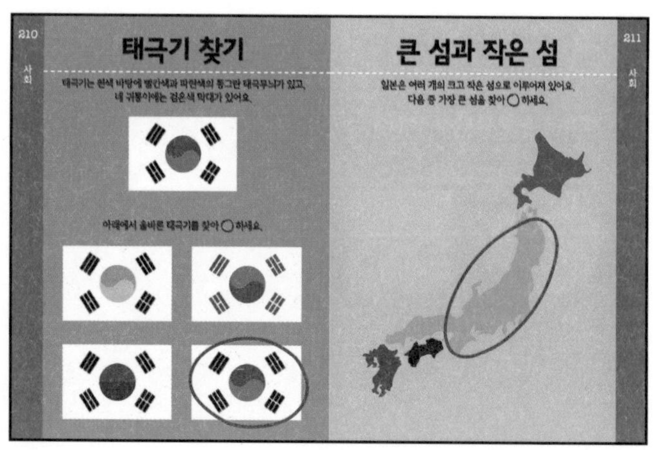
210
태극기 찾기
태극기는 흰색 바탕에 빨간색과 파란색의 둥그런 태극무늬가 있고,
네 귀퉁이에는 검은색 막대가 있어요.
아래에서 올바른 태극기를 찾아 ◯ 하세요.
211
큰 섬과 작은 섬
일본은 여러 개의 크고 작은 섬으로 이루어져 있어요.
다음 중 가장 큰 섬을 찾아 ◯ 하세요.

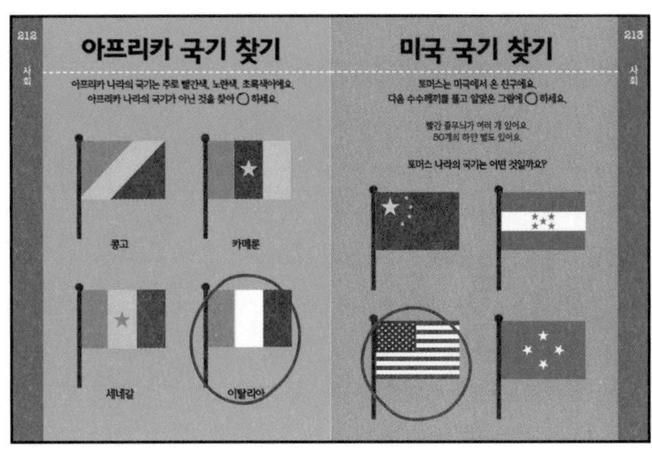
212
사회
아프리카 국기 찾기
아프리카 나라의 국기는 주로 빨간색, 노란색, 초록색이에요.
아프리카 나라의 국기가 아닌 것을 찾아 ◯ 하세요.
콩고
카메룬
세네갈
이탈리아
213
사회
미국 국기 찾기
토머스는 미국에서 온 친구예요.
다음 수수께끼를 풀고 알맞은 그림에 ◯ 하세요.
빨간 줄무늬가 여러 개 있어요.
50개의 하얀 별도 있어요.
토머스 나라의 국기는 어떤 것일까요?

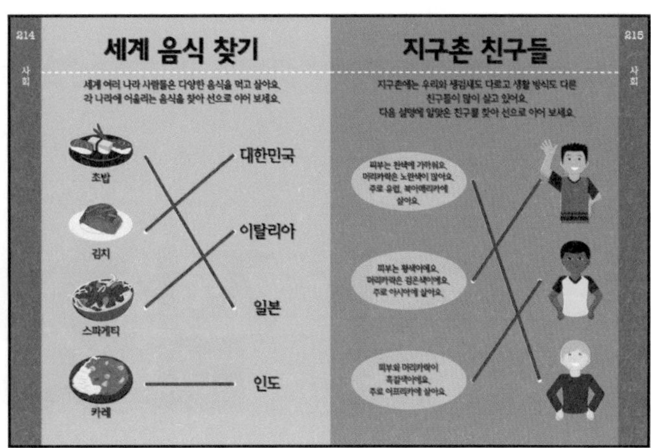
214
사회
세계 음식 찾기
세계 여러 나라 사람들은 다양한 음식을 먹고 살아요.
각 나라에 어울리는 음식을 찾아 선으로 이어 보세요.
초밥
김치
스파게티
카레
대한민국
이탈리아
일본
인도
215
사회
지구촌 친구들
지구촌에는 우리와 생김새도 다르고 생활 방식도 다른
친구들이 많이 살고 있어요.
다음 설명에 알맞은 친구를 찾아 선으로 이어 보세요.
피부는 흰색에 가까워요. 머리카락은 노란색이 많아요. 주로 유럽, 북아메리카에 살아요.
피부는 황색이에요. 머리카락은 검은색이에요. 주로 아시아에 살아요.
피부와 머리카락이 흑갈색이에요. 주로 아프리카에 살아요.

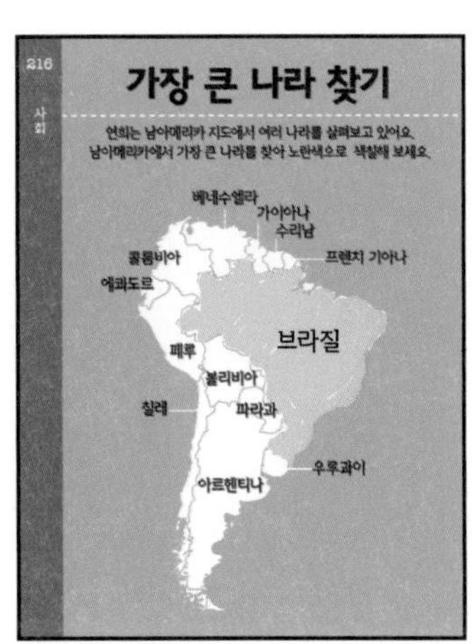
216
사회
가장 큰 나라 찾기
연희는 남아메리카 지도에서 여러 나라를 살펴보고 있어요.
남아메리카에서 가장 큰 나라를 찾아 노란색으로 색칠해 보세요.
베네수엘라
가이아나
수리남
콜롬비아
프렌치 기아나
에콰도르
브라질
페루
볼리비아
칠레
파라과이
우루과이
아르헨티나

참 잘했어요

이름 : ____________________

날짜 : ______ 년 ____ 월 ____ 일